Tamara Kircher / Penny Lowery

Praktische Einführung in die

Kräuterheilkunde

Einheimische Pflanzen, Chinesische Kräutermedizin und Bach-Blüten

Aus dem Englischen von Susanne Reichert

NATÜRLICH
IRISIANA
GESUND

IRISIANA

Eine Buchreihe herausgegeben von
Margit und Rüdiger Dahlke

Die Originalausgabe erschien unter dem Titel
HERBAL REMEDIES. An introduction to herbs and their therapeutic uses
bei Quarto, Inc., London, Great Britain

Die Deutsche Bibliothek – CIP-Einheitsaufnahme
Kircher, Tamara:
Praktische Einführung in die Kräuterheilkunde :
einheimische Kräuter, chinesische Kräutermedizin und
Bach-Blüten / Tamara Kircher ; Penny Lowery. Aus dem Engl.
von Susanne Reichert. – München : Hugendubel, 1996
(Irisiana)
Einheitssacht.: Herbal remedies <dt.>
ISBN 3-88034-911-8
NE: Lowery, Penny:

Umschlaggestaltung: Zembsch' Werkstatt, München
Produktion: Tillmann Roeder, München
Satz: SatzTeam Berger, Ellenberg
Druck und Bindung: Leefung-Asco-Printers Ltd.
Printed in China

ISBN 3-88034-911-8

INHALT

Dieses Buch soll nicht den Rat eines Facharztes ersetzen. Der Leser sollte deshalb regelmäßig einen Arzt konsultieren, besonders bei Beschwerden, die eine Diagnose oder medizinische Betreuung erfordern.

Einleitung

Vor etwa 135 Millionen Jahren gab es die ersten blühenden Pflanzen auf diesem Planeten. Daraus entwickelten sich – abhängig von der jeweiligen Umgebung – schnell die Hauptpflanzengruppen, die wir heute kennen. Bauern, die nach traditionellen Methoden arbeiten, sagen, daß kranke Tiere instinktiv wissen, welche Pflanzen gut für sie sind; ob dies auch für die ersten Menschen galt oder ob sie rein zufällig durch einfaches Ausprobieren herausfanden, welche Pflanzen ihnen guttaten, welche schädlich oder sogar tödlich waren, wissen wir nicht. Doch zwangsläufig hatten die Menschen immer einen engen Bezug zu Pflanzen und verwendeten sie – je nach ihrem Entwicklungsstand – als Nahrung oder stellten daraus Kleidung, Seile, Behausungen, Medizin oder Tierfutter her.

Früher fanden Menschen im Kräutergarten mit seinen Wurzeln, Blättern, Blüten und Beeren Inspiration, Gesundheit und Erholung.

Man vermutet, daß die Sumerer als erste den medizinischen Gebrauch von Pflanzen schriftlich erwähnten, als sie die Verwendung und die Wirkungen von Thymian sowie anderen Heilmitteln vor über 5000 Jahren beschrieben. Das früheste uns bekannte chinesische Kräuterverzeichnis aus dem Jahr 2700 v. Chr. beschreibt 365 medizinische Substanzen und ihre Wirkung; viele davon werden auch heute noch angewendet. Sogar Psalmen im Alten Testament vermitteln Wissen von Kräutern: »Entsündige mich mit Ysop, daß ich rein werde...« (Psalm 51). Die Ägypter, die um 1000 v. Chr. lebten, sollen Cilantro, Minze, Knoblauch und andere Pflanzen als Nahrungs-, Färbemittel und Arznei verwendet haben, und auch griechische und römische Schriftsteller beschrieben in medizinischen Werken einige grundlegende Prinzipien der Heilkunst. Hippokrates empfahl für bessere Gesundheit frische Luft, Ruhe und gesündere Ernährung kombiniert mit Kräuterarzneien, während Galen die Arzneien, die er verordnete, als ein in sich abgeschlossenes System betrachtete: Er bezog nicht nur Pflanzen mit ein, sondern Arzneien tierischer oder mineralischer Herkunft, wie es auch die klassische Homöopathie tut. Diese frühen griechischen Schriftsteller bezeichnen Kräuterarzneien als Unterstützung für die »Lebenskraft« eines Menschen. Dies ähnelt der alten chinesischen Vorstellung von *Qi* oder *Chi*, was »Energie«, aber auch »Luft« oder »Atem« bedeutet. Qi, ein wesentlicher Bestandteil der traditionellen chinesischen Medizin, bezeichnet den Unterschied zwischen Leben und Trägheit oder Tod. Die Vorstellung der Griechen von Lebenskraft entspricht auch dem japanischen Ki.

Im formal angelegten Kräutergarten mit seinen schönen Düften und Farben findet man Ruhe und Frieden.

In der Vergangenheit schrieb man Kräutern und Kräuterkundigen magische Eigenschaften zu; dies schürte natürlich Aberglauben, Angst und Verdächtigungen und führte schließlich zur Verfolgung und Ermordung vieler weiser Frauen, Heiler und Hexen. Einige früher praktizierte Kräuteranwendungen klingen natürlich für unsere heutigen Ohren unsinnig, und vielleicht waren sie teilweise auch völlig wirkungslos: Avicenna, ein italienischer Philosoph des Mittelalters, empfahl Frauen als Methode zur Empfängnisverhütung, große Mengen Basilikumtee zu trinken – probieren Sie das auf keinen Fall aus! Weit verbreitet war damals auch der Glaube, daß die Wurzel der Alraune aufschrie, wenn man sie aus der Erde zog, und jeden Menschen wahnsinnig machte und tötete, der diesen Schrei hörte. Da man die Pflanze jedoch für ein wertvolles Anästhetikum und Expektorans hielt, ließ man sie schließlich von einem Hund ausreißen, den man an ihren Stamm band.

Nicht alle Kräuterpraktiken im Mittelalter waren jedoch unwirksam; früher tränkten Chirurgen einen Schwamm mit Opium, Bilsenkraut, Schierling, Alraune und Efeu und hielten ihm den Patienten unter die Nase, um den Schmerz bei einer Amputation oder anderen Operationen wirksam zu betäuben. Natürlich sind all diese Kräuter hochgiftig, und wenn der Patient Pech hatte und zuviel davon einatmete, erwischte er eine Überdosis und starb daran.

Gartenthymian, entlehnt aus dem griechischen Wort »thymus« (Mut), wurde im Mittelalter zur Stärkung der Kräfte und Tapferkeit verabreicht.

Viele wichtige Kräuter wie Sonnenhut- oder Heloniaswurzel wurden von den Indianern entdeckt.

Kräuter und die Umwelt

Uns ist zwar von den Indianern wenig Schriftliches über Kräuter überliefert, aber durch mündliche Überlieferung wissen wir, wie sie Kräuter zur Heilung und bei Ritualen anwendeten. Die Entdeckung vieler wichtiger Kräuter wie Sonnenhutwurzel haben wir ihnen zu verdanken. Die Indianer betonen immer wieder, wie wichtig es sei, daß die Menschen im Einklang mit ihrer Umgebung leben. Lange war es bei den Stämmen Tradition, der Erde, wenn sie ihr etwas entnahmen, dafür etwas anderes zurückzugeben. Wenn alle Kulturen dieses Prinzip beherzigen würden, wäre unser Planet vielleicht nicht von Waldabholzung, intensiver Landwirtschaft und zuviel Industrie bedroht. Vielleicht haben uns die Indianer wegen ihrer so wichtigen Beziehung zur

»Großmutter Erde« auf einige besonders wertvolle Kräuter für das Fortpflanzungssystem hingewiesen, zum Beispiel die Heloniaswurzel, die in dem Abschnitt über Fortpflanzungs- und Harnwegsystem behandelt wird (siehe Seite 40). Wer heute Kräuter anwendet, darf sich glücklich schätzen: einerseits steht ihm das Wissen vieler Kulturen über die frühere Verwendung von Pflanzen zur Verfügung; andererseits kann er die Ergebnisse moderner Wissenschaft nutzen: Bei Laborforschungen konnten nämlich zahlreiche in Kräuterpflanzen enthaltene chemische Wirkstoffe isoliert werden, so daß man heute weiß, wofür und warum sie gut sind. Einige dieser Bestandteile braucht die Pflanze, um leben zu können; viele jedoch sind eher unbedeutend, woraus man schließen kann, daß die Erde diese natürlichen medizinischen Substanzen den Menschen für ihr Leben und ihre Gesundheit geschenkt hat. Kräuter sind wahrscheinlich als Arznei kontinuierlicher angewendet worden als irgendein anderes Mittel.

Heute sind dank moderner Infrastruktur viele Kräuter erhältlich. Kräuter aus allen Erdteilen kann man überall bekommen, während unsere Vorfahren nur die zur Verfügung hatten, die sie bei sich anbauen konnten.

Andererseits gibt es wegen des intensiv betriebenen Ackerbaus jedoch heute weniger wildwachsende Kräuter als früher – oft hält man sie für Unkraut und rottet sie aus, weil die Ernte wichtiger ist.

Außerdem leben viele Menschen in Städten ohne Garten. Das braucht kein Hindernis zu sein, da es mittlerweile viele Geschäfte und Versandstellen gibt, in denen jeder Kräuter bekommt.

Bis vor kurzem wurden die von Ärzten verschriebenen Medikamente ausschließlich auf pflanzlicher Basis hergestellt: Aspirin aus der Weide und Mädesüß (dessen botanischen Namen, Spirea, es in der Bezeichnung führt), Steroide aus Wilder Yamswurzel, Ephedrin aus Ma Huang. Einige Medikamente werden immer noch synthetisch aus Kräutern hergestellt. Dies trägt vielleicht dazu bei, daß unsere Umwelt geschont wird; es ist bekannt, daß Pharmakonzerne Landflächen aufgekauft haben – so beispielsweise im brasilianischen Regenwald –, um sie vor der Abholzung zu bewahren. Damit wollten sie sicherstellen, daß Pflanzen mit medizinischen Bestandteilen weiterhin dort wachsen können. Ein Medikament allerdings, das man durch Extrahieren eines oder zweier Bestandteile einer Pflanze erhält, hat nur isolierte Wirkung, das heißt, die ausgewogene Energie des Krauts, die ursprünglich auf vielfältige Weise ganzheitlich auf den menschlichen Organismus einwirkte, geht dabei verloren.

Außerdem gelangen bei der chemischen Herstellung von Medikamenten im Labor toxische Abfallprodukte in die Umwelt; bei der medizinischen Anwendung von Kräutern gibt es derartige negativen Nebenwirkungen nicht – vielmehr arbeitet man hier mit der Umwelt, nicht gegen sie.

Kräuter und Lebensstil

Mit Kräutern können wir sehr gezielt etwas für Körper und Psyche tun, aber sie wirken am besten, wenn Sie auch in anderen Bereichen für sich sorgen: Wenn Sie sich richtig ernähren, sich regelmäßig sportlich betätigen, frische Luft atmen (falls möglich!) und Methoden zur Streßbewältigung finden, können die Kräuter ihre Wirkung besser entfalten. Obwohl Kräuter bei einigen Problemen im seelischen Bereich hilfreich sein können, sollte jeder, der sehr ängstlich oder verzweifelt ist oder ungelöste alte Probleme mit sich herumträgt, eine Beratungsstelle oder einen Psychotherapeuten aufsuchen.

Viele Kräuter kann man auch essen, entweder als Aromazusatz oder Bestandteil einer Mahlzeit, beispielsweise Knoblauch, Fenchel, Ingwer, Petersilie, Thymian, Salbei und Basilikum. Einige Kräuterbücher nennen auch Nahrungsmittel wie Zitrone, Zwiebeln und Lauch und spezifizieren deren medizinische Wirkung; wegen seiner sedierenden Eigenschaften wird manchen Nervenrelaxantien ein Extrakt aus (Gift)-Lattich zugefügt. Wir können Nahrung und Kräuter als Teil eines Kontinuums betrachten: auf der einen Seite steht die Ernährung ohne medizinische Wirkung. Daran schließt sich der Bereich an, wo Ernährung und Kräuter miteinander kombiniert werden (einschließlich Küchenkräuter und medizinische Ernährung), und auf der anderen Seite haben wir Pflanzen, die ausschließlich medizinisch eingesetzt werden. Am Ende der Skala stehen dann Kräuter, die in großen Dosen giftig sind, in kleineren Mengen bei Tumoren und anderen schweren gesundheitlichen Beeinträchtigungen aber heilend wirken können. Ihre Beschreibung sprengt jedoch den Rahmen dieses Buches. Es heißt, ein guter Kräuterkundiger sei wie ein guter Koch; Arzneirezepte sind lediglich eine andere Art von Rezepten! Nicht alle Kräutermischungen schmecken gut, aber jeder weiß, daß gutes Essen gesund sein kann.

Boretsch
(Borago officinalis)

DIE WICHTIGSTEN KRÄUTER

Es gibt wahrscheinlich mehr als 2000 medizinische Pflanzen auf der ganzen Welt – eine überwältigende Zahl für den Einsteiger! Wir haben deshalb eine überschaubare Menge von Kräutern zusammengestellt, die oft benutzt werden, leicht erhältlich sind und deren Anwendung in den meisten Fällen unbedenklich ist. Sie brauchen nicht gleich alle auf einmal zu kaufen, sondern sich je nach Bedarf nach und nach einen Vorrat anlegen. Tinkturen und getrocknete Kräuter lassen sich am besten an einem kühlen, trockenen, dunklen Ort aufbewahren. Oft können Sie frische Kräuter verwenden, wenn Sie sie irgendwo kaufen können; da sie mehr Feuchtigkeit enthalten, brauchen Sie dann etwas mehr davon.

Wie im Kapitel »Grundprinzipien« beschrieben, mischt man normalerweise mehrere Kräuter, dann ist das Wirkungsspektrum größer als nur bei einem Kraut. Soweit wir wissen, passen alle Kräuter zueinander, und eine Mischung erhöht eher noch ihre heilenden Eigenschaften. Die Tabelle mit den empfohlenen Dosierungen auf Seite 19 gilt je nachdem, ob Sie eine oder mehrere Kräuterpflanzen verwenden. Misch-Tinkturen halten – vor Sonneneinstrahlung geschützt – genauso lange wie Einzel-Tinkturen.

In diesem Kapitel beschreiben wir kurz, wie jede Kräuterpflanze medizinisch wirkt, welcher Teil verwendet wird und bei welchen Beschwerden sie angezeigt ist. Wenn Sie ein Kraut oder eine Kräuterkombination im Kapitel »Spezifische Anwendungen« gefunden haben, sollten Sie anhand der Beschreibung in diesem Kapitel vergleichen, ob sie zusammenpassen.

Sonnenhut

(Echinacea angustifolia)

Auch bekannt unter dem Namen Purpursonnenhut, Igelblume oder Stachelkopf. Ihr Name kommt von dem griechischen Wort »echinos« (Igel), dem die Blume ähnelt. Die Indianer Amerikas verwenden dieses sehr hilfreiche Kraut seit Generationen bei Infektionen durch Mikroben, Bakterien und Viren und zur Stärkung des Immunsystems. Diese nützliche Pflanze läßt sich gut mit vielen anderen Kräutern kombinieren und wirkt bei Atemwegsinfektionen, Blasenentzündung und Katarrhen der Nase, Akne und infizierten Schnitten und Wunden. Sie gilt als natürliches Antibiotikum, hat aber nicht die unangenehmen Nebenwirkungen von pharmazeutischen Antibiotika; früher wurde sie auch zur Behandlung von Klapperschlangenbissen verwendet.

VERWENDETER TEIL: Wurzel

Brennessel

(Urtica dioica)

Dies ist die gemeine Brennessel, die überall auf der Welt wild wächst. Sie ist vielseitig anwendbar, hilft aber besonders bei Beschwerden des Harnwegsystems, der Fortpflanzungsorgane und der Haut. Sie wird bei Blutungen und Ekzemen eingesetzt. Eine Abkochung der Wurzel, direkt auf die Kopfhaut aufgetragen, soll Haarausfall vermindern!

VERWENDETER TEIL: die ganze Pflanze (während der Blütezeit sammeln)

Klettenlabkraut

(Galium aparine)

Auch als Klebkraut bekannt. Es ist ein ausgezeichnetes Tonikum für das Lymphsystem und wird daher bei Drüsenschwellungen, Mandelentzündung und Drüsenfieber angewandt (oft in Verbindung mit Kermesbeere und Ringelblume).

Es hilft auch bei Hautproblemen und Blasenentzündung und wird seit langem zur Behandlung von Tumoren und Geschwüren eingesetzt.

VERWENDETER TEIL: die ganze oberirdische Pflanze (sammeln, bevor sich im Juni/Juli blaßgrüne Blüten entwickeln)

Römische Kamille

(Anthemis nobilis)

und **Echte Kamille**

(Matricaria chamomilla)

Beide Arten haben eine ähnliche Wirkung. Der Name Kamille kommt aus dem Griechischen und bedeutet »Erdapfel«. Die Kamille ist ein mildes Beruhigungsmittel (auch für Kinder geeignet), das entzündungshemmend und entspannend wirkt, beispielsweise

bei Menstruationskrämpfen. Sie ist verdauungsfördernd und blähungstreibend. Äußerlich angewendet erleichtert sie die Wundheilung und läßt sich auch zur Mundspülung bei Geschwüren oder Zahlfleischentzündung anwenden.

VERWENDETER TEIL: Blüten (im Sommer bei trockenem Wetter sammeln)

Echter Lavendel

(Lavandula officinalis)

Diese weitverbreitete Pflanze läßt sich aufgrund ihrer kühlenden und beruhigenden Eigenschaften vielseitig einsetzen: Sie hilft bei Kopfschmerzen, besonders streßbedingten, und wird oft zusammen mit anderen Kräutern gegen Depressionen, nervöse Schwächezustände und andere emotionale Symptome eingesetzt. Als Tee vor dem Zubettgehen getrunken oder als Duftsäckchen unter das Kissen gelegt, fördert Lavendel den natürlichen Schlaf. Manchmal wird er auch bei rheumatischen Beschwerden, besonders bei entzündlichen, und Hautausschlag eingesetzt.

Ginseng-Wurzel

(Radix ginseng)

Auch unter dem chinesischen Namen Ren Shen bekannt. Es gibt mehrere Ginseng-Arten mit verschiedenen Eigenschaften (süß, leicht bitter, leicht warm), aber alle wirken sehr kräftigend. Amerikanischer Ginseng beispielsweise wirkt kühlender als der chinesische Ginseng und ist daher eher bei hohem Fieber angezeigt. Ginseng ist eines der bekanntesten, wertvollsten chinesischen Kräuter (und eines der teuersten!). Früher hieß es, es erhöhe die Fruchtbarkeit und schenke langes Leben. Es ist bei allen Schwäche- und Erschöpfungszuständen angezeigt. Bei schweren Erschöpfungszuständen, beispielsweise nach einem schweren Blutverlust, kann man 30 Gramm Ginseng abkochen und trinken.

Öfter wird es bei träger Verdauung oder in der Erholungsphase nach langen Krankheiten eingesetzt. Es hat beruhigende Eigenschaften und kann kurzzeitig bei Herzklopfen, Schlaflosigkeit und Ruhelosigkeit, begleitet von allgemeinem Schwächezustand, verabreicht werden. Nicht nehmen während der Schwangerschaft, hohem Blutdruck oder wenn kein Schwächezustand vorliegt.

VERWENDETER TEIL: Wurzel

DOSIERUNG: 1–9 Gramm täglich

Gartenringelblume

(Calendula officinalis)

Dieses Kraut eignet sich ganz hervorragend zur Behandlung von Hautausschlägen, Entzündungen oder Verletzungen; es beschleunigt den Heilungsprozeß und verhindert durch Schnitte, Schürfwunden und Pilze hervorgerufene Hautinfektionen. Man kann gut Kompressen oder Wickel daraus machen. Es ist auch in homöopathischer Dosis als Calendula-Salbe erhältlich. Innerlich angewendet, unterstützt Ringelblume die Verdauung und fördert den Gallenfluß. Sie leistet auch wertvolle Dienste für das Fortpflanzungssystem, da sie Menstruationsbeschwerden lindert und den weiblichen Zyklus reguliert.

VERWENDETER TEIL: Blüten oder Blütenblätter (im Sommer sammeln)

Tragant

(Radix astragali membranaceus)
Auch als Tragantwurzel und unter der chinesischen Bezeichnung Huang Qi bekannt. Diese Pflanze hat süße, leicht warme Eigenschaften. Sie stärkt den Körper bei Müdigkeit, Appetitlosigkeit und Durchfall. Sie hat die Aufgabe, die »Yang-Energie« (yang Qi) zu heben, deshalb ist sie angezeigt bei Gebärmutter-, Magen- oder Darmvorfall. In der chinesischen Medizin stabilisiert diese Arznei auch »das schützende Qi« und stärkt das Immunsystem gegen häufige Erkältungen und Krankheiten. Heute wird sie bei der Behandlung von AIDS angewendet.
VERWENDETER TEIL: Wurzel (im Frühling und Herbst ernten)
DOSIERUNG: 9–30 Gramm täglich

Zitronenmelisse *(unten)*

(Melissa officinalis)
Auch als Bienenkraut bekannt. Diese ganzjährige Pflanze wächst wild und wird in Europa und Teilen der USA auch angebaut. Sie wird bei Krämpfen im Verdauungssystem, Verdauungsstörungen und Blähungen eingesetzt. Aufgrund ihrer milden, beruhigenden Eigenschaften hilft sie auch bei angst- oder streßbedingten Verdauungsproblemen. Sie stärkt das Herz und wirkt fieber- und blutdrucksenkend.
VERWENDETE TEILE: oberirdische Teile (frisch oder im Schatten getrocknet)

Alant

(Inula helenium)
Auch unter der Bezeichnung Helenenkraut, Glockenwurzel oder Galant bekannt. Er wird normalerweise in Großbritannien angebaut, wächst in Teilen Nordamerikas aber wild. Er beruhigt Hustenreiz, klärt Katarrhe und hat antibakterielle Wirkung. Deshalb wirkt er besonders bei Asthma, Bronchitis, Brustkorbinfektionen oder sogar Emphysemen. Schon lange wird er bei Tuberkulose eingesetzt und lindert Husten bei Kindern. Oft in Verbindung mit Ysop und Huflattich.
VERWENDETER TEIL: Wurzelstock (im Herbst ausgraben)

Beinwell

(Symphytum officinale)
Auch als Beinheil oder Wellwurz bekannt. Aufgrund seiner heilenden Eigenschaften bei Brüchen wird dieses Kraut schon seit langem äußerlich angewendet. Als Umschlag oder Kompresse beschleunigt es die Heilung von Wunden und Verletzungen. Innerlich hilft es auch gut bei Magengeschwüren und lindert Atemwegsinfektionen. Nicht über einen längeren Zeitraum anwenden.
VERWENDETE TEILE: Wurzel, Wurzelstock und Blätter

Angelikawurzel *(rechts)*

(Radix angelicae sinensis)
Auch unter der chinesischen Bezeichnung Dang Gui und Tang Kuei bekannt. Diese schöne Kräuterpflanze mit ihren süßen, bitteren und warmen Eigenschaften wirkt durchblutungsfördernd und hilft bei Anämie und Menstruationsbeschwerden. Sie wärmt und ist deshalb hilfreich bei Schmerzen, die sich bei Kälte verschlimmern, beispielsweise bei Menstruationskrämpfen und Beschwerden in der Leistengegend. Sie regt auch die Darmtätigkeit an und wird daher bei Verstopfung mit trockenem Stuhlgang eingesetzt. Nicht anwenden bei Durchfall, Völlegefühl und bei Hitzeerscheinungen (gerötetes Gesicht, großer Durst usw.).
VERWENDETER TEIL: Wurzel (im Herbst sammeln)
DOSIERUNG: 3–15 Gramm täglich

Passionsblume

(Passiflora incarnata)
Auch als Leiden Christi oder Christusblume bekannt. Dieses ausgezeichnete Beruhigungsmittel ist bei Schlafstörungen angezeigt. Es hilft bei Neuralgien und Gürtelrose und, da es muskelentspannend wirkt, auch bei Asthma oder sonstigen Muskelverkrampfungen.
VERWENDETER TEIL: getrocknete Blätter (vor dem Blühen sammeln)

Orangenwurzel *(oben)*

(Hydrastis canadensis)
Auch als Wasserkraut, Gelbsuchtwurzel und Gelbwurzel bekannt. Diese Pflanze stammt aus Nordamerika und ist auch bei den Bewohnern der Karibik bekannt. Sie stärkt die Schleimhäute, wirkt schleimlösend und hilft bei Appetitlosigkeit. Sie ist unschätzbar wertvoll gegen Infektionen der oberen Atemwege, sollte aber nicht über einen längeren Zeitraum eingenommen werden, da sie austrocknende Wirkung hat. Deshalb wird Rezepten oft nur die halbe Menge zugegeben. Keinesfalls in der Schwangerschaft nehmen. Sie kann aber Wehen fördern, da sie die Gebärmuttermuskulatur anregt.
VERWENDETE TEILE: Wurzel und Wurzelstock (im Herbst ausgraben)

Süßholz *(unten)*

(Glycyrrhiza glabra)
Diese Pflanze, die in der westlichen und chinesischen Kräuterkunde erwähnt wird, wirkt auf das endokrine System und hilft daher bei allen Nebennierenbeschwerden. Für den Hausgebrauch läßt sie sich auch bei Bronchitis oder bei Geschwüren, Magenschleimhautentzündung und Koliken anwenden.
VERWENDETE TEILE: getrocknete Wurzel (im Spätherbst ausgraben)

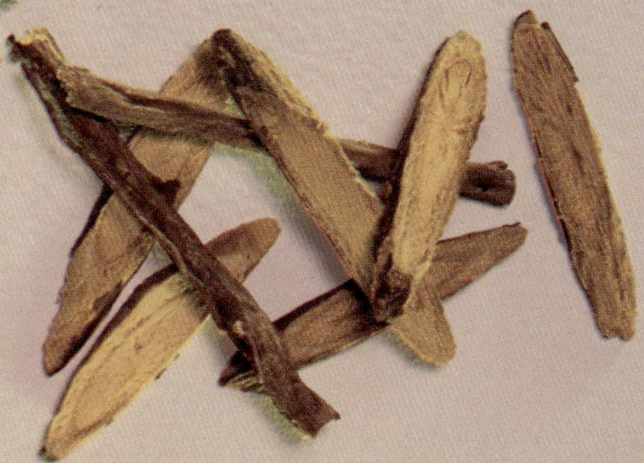

Schafgarbe

(Achillea millefolium)
Auch als Hundertblatt oder Barbenkraut bekannt. Ihre botanische Bezeichnung erhielt die Pflanze, weil sie Achilles' Wunden geheilt hätte, wenn er sie dabeigehabt hätte! Das entspricht natürlich nicht der Realität, aber dieses Kraut hat tatsächlich erstaunliche wundheilende Wirkungen. Die Indianer kennen sie seit langer Zeit und wenden sie äußerlich pulverisiert auf Wunden an oder trinken sie als Tee bei Verbrennungen, Fieber und Erkältungen. Anstelle von Weihrauch wehren sie mit dem Rauch negative Energien ab. Schafgarbe findet man in den USA und in Europa; die amerikanische Variante soll eine stärkende Wirkung besitzen. Innerlich angewendet wirkt sie schweißtreibend und hilft dem Körper über Fieberzustände hinweg; sie wirkt antispetisch im Harnwegsystem und spielt so eine wichtige Rolle bei Blasenentzündungen. Auch soll sie den Blutdruck senken.
VERWENDETER TEIL: die ganze oberirdische Pflanze (während der Blütezeit sammeln)

Gartenthymian

(Thymus vulgaris)

Wie Salbei ist auch Thymian ein bekanntes Gartenkraut, das aber auch wild wächst; wie Salbei wird es in der Küche verwendet. Es ist auch medizinisch vielseitig einsetzbar, hilft bei Husten und Heiserkeit, unterstützt die Verdauung, lindert Blähungen und wirkt gegen Infektionen. Als mildes adstringierendes Mittel hilft es bei Durchfall und Inkontinenz, besonders bei Kindern. Es wird auch bei zahlreichen Atemwegstörungen wie Keuchhusten und Bronchitis angewendet.
VERWENDETE TEILE: Blätter und Blüten (im Sommer sammeln)

Fenchel *(links)*

(Foeniculum vulgare)

Fenchel, der im westlichen und im chinesischen Kräuterrepertoire auftaucht, lindert Blähungen, Koliken und wirkt appetitanregend. Er dämpft Hustenreiz und regt den Milchfluß bei stillenden Müttern an. Äußerlich als Kompresse angewendet, lindert er Augenentzündungen (probieren Sie eine Mischung mit Augentrost aus). Sowohl in China als auch in der westlichen Welt wird er als Nahrungsmittel verwendet; aber in China gilt er auch als verdauungsförderndes Kraut und lindert durch Hernien verursachte Schmerzen.
VERWENDETE TEILE: Samen

Schwarzer Holunder

(Sambucus nigra)

Auch als Holler oder Katzenflieder bekannt. Alle Teile sind medizinisch verwendbar, aber in diesem Buch geht es nur um die Blüten, die im Frühjahr oder Sommer gesammelt und sofort getrocknet werden. Sie eignen sich vorzüglich zur Behandlung von Erkältung und Schnupfen, da sie katarrhlösend und schweißtreibend sind. Heuschnupfen und Nebenhöhlenentzündungen sprechen gut darauf an, und durch Erkältungen bedingte Schwerhörigkeit (normalerweise durch Schleim in der Eustachschen Röhre) kann ebenfalls mit diesem Kraut behandelt werden.
VERWENDETE TEILE: siehe oben

Löwenzahn

(Taraxacum officinale)

Der Name dieses häufig vorkommenden Unkrauts kommt angeblich vom französischen dents de lion, Zahn des Löwen, eine Anspielung auf die Form seiner Blätter. Löwenzahn ist ein sehr stark harntreibendes Kraut. Es enthält das wichtige Mineral Kalium, das oft bei Einnahme synthetischer harntreibender Mittel ausgeschieden wird. Er hat reinigende Wirkung auf Leber und Gallenblase und wird daher bei Gelbsucht und Magenverstimmungen benutzt (besonders mit einhergehender Verstopfung).
VERWENDETER TEIL: Wurzel (zwischen Juni und August sammeln) oder Blätter

Baldrian *(oben)*

(Valeriana officinalis)

Auch Katzenkraut oder Bullerjan genannt. Dieses Kraut ist eines der besten Nervenentspannungsmittel. Bei Schlaflosigkeit bei Erwachsenen läßt es sich gut mit Hopfen und Passionsblume kombinieren. Es wirkt krampflösend und hilft daher bei Koliken oder Menstruationskrämpfen. Es ist ein ausgezeichnetes Beruhigungsmittel und kann statt chemischer Tranquillizer bei Spannungs-, Angst- oder Panikzuständen benutzt werden. Es soll jedoch nicht über einen längeren Zeitraum eingenommen werden; nach etwa sechs Wochen sollten Sie drei Wochen Pause einlegen, bevor Sie mit der Einnahme fortfahren.
VERWENDETE TEILE: Wurzel und Wurzelstock (im Herbst ausgraben)

Huflattich *(oben)*

(Tussilago farfara)
Auch als Hustenkraut, Roßhuf oder Pfannenkraut bekannt. Dieses Kraut mit seinen hufförmigen Blättern hat eine legendäre Wirkung auf Husten und die meisten anderen Atemwegsbeschwerden wie Asthma, Bronchitis, Emphyseme und Keuchhusten. Es wirkt beruhigend, krampflösend und auswurffördernd und läßt sich gut mit Ysop, Alant, Lobelie und anderen Kräutern, die Lungenbeschwerden lindern, kombinieren.
VERWENDETE TEILE: Blätter (im Mai oder Juni sammeln) und Blüten (normalerweise im März oder April vor der vollen Blüte sammeln)

Chrysantheme

(Chrysanthemum morifolium)
Auch unter seinem chinesischen Namen Ju Hua bekannt. Diese Blume hat süße, bittere und leicht kalte Eigenschaften. Meistens wird sie bei Erkältungen angewandt, die mit Fieber und Kopfschmerz einhergehen. Man kann sie auch bei geröteten, schmerzenden oder trockenen Augen, getrübter Sicht und Augenflimmern verwenden. Sie hat beruhigende Wirkung

und hilft bei spannungsbedingtem Schwindel und Kopfweh.
VERWENDETER TEIL: Blüten (in voller Blüte ernten)
DOSIERUNG: 4–15 Gramm täglich

Eisenkraut

(Verbena officinalis)
Dieses hervorragende Kraut stärkt das Nervensystem und lindert gleichzeitig Spannungszustände. Es ist in Teebeuteln in ganz Europa erhältlich und ergibt einen guten Nachttrunk vor dem Zubettgehen. Dieses Kraut hilft auch bei Depressionen, besonders wenn damit Energieverlust nach einer Viruserkrankung verbunden ist. Oft wird es erfolgreich mit Hafer oder Helmkraut kombiniert. Es stärkt die Leber und die Gallenblase (Organe, die in der chinesischen Medizin eine Rolle bei Depressionen spielen) und kann so bei Gelbsucht und Hepatitis eingesetzt werden.
VERWENDETER TEIL: die ganze oberirdische Pflanze (im Juli vor der Blüte sammeln)

Salbei

(Salvia officinalis)
Auch als Roter Salbei oder Gartensalbei bekannt. Dieses Kraut wirkt spezifisch auf Mund und Rachen und kann unterstützend bei allen Entzündungen in diesem Bereich verwendet werden. Als Mundwasser oder Gurgelwasser oder innerlich eingenommen hilft es bei Rachenentzündungen, Mundgeschwüren, Zahnfleischbluten, Mandel- und Kehlkopfentzündung. Außerdem ist es blähungs- und schweißtreibend und verringert den Milchfluß. Bei den Indianern werden die getrockneten Blätter verbrannt und wie Weihrauch zur Abwehr negativer Energien verwendet – weißer Bergsalbei wird dafür bevorzugt benutzt. Nicht während der Schwangerschaft einnehmen!
VERWENDETER TEIL: Blätter (im Mai oder Juni sammeln und im Schatten trocknen)

Weitere Kräuter

In diesem Kapitel werden die übrigen Kräuter kurz beschrieben, die in dem Kapitel erwähnt sind, damit Sie ihre Verträglichkeit überprüfen können, bevor Sie sie einnehmen oder verschreiben. In vielen Kräuterbüchern sind tausend oder mehr Kräuter verzeichnet; in diesem Buch haben wir uns auf etwa hundert beschränkt, und selbst das mag Ihnen als Neuling viel erscheinen. Sie brauchen sich nicht mit allen vertraut zu machen; Sie werden die, die sie oft benutzen, allmählich kennenlernen. Im folgenden haben wir einfach den gebräuchlichen Namen des Krautes, seine lateinische Bezeichnung und die Hauptwirkungen aufgelistet.

Boretsch
(Borago officinalis)

Mönchspfeffer *(Vitex agnus-castus)*
Auch Keuschbaum genannt; stärkt und reguliert das weibliche Fortpflanzungssystem.

Kleiner Odermennig
(Agrimonia eupatoria)
Wirkt adstringierend auf den Verdauungstrakt; besonders geeignet bei Durchfall bei Kindern.

Saatgerste *(Hordeum vulgare)*
Kühlend und feucht, stärkt Magen, Rachen und Blase; übliches Mittel bei Blasenentzündung.

Basilikum *(Ocimum basilicum)*
Gegen Magenkrämpfe, Erbrechen, Verstopfung und Darmentzündung.

Gagel *(Myrica cerifera)*
Regt den Kreislauf an; angezeigt bei Durchfall, Dickdarmentzündung, Halsentzündungen, Erkältungen.

Silberkerze *(Cimicifuga racemosa)*
In Amerika beheimatetes Kraut, hervorragend geeignet zur Entspannung und Normalisierung des Fortpflanzungssystems.

Blätter der Schwarzen Johannisbeere *(Ribes nigrum)*
Kühlende und trocknende Wirkung; unterstützt das Verdauungs- und Harnwegsystem

Stengelblatt *(Caulophyllum thalictroides)*
Auch Frauenwurzel und Pappusenwurzel genannt; gebärmutterstärkend; hilft bei verspäteter Periode oder schmerzhaften Wehen.

Wasserdost *(Eupatorium perfoliatum)*
Ausgezeichnetes Heilmittel bei Schnupfen, Erkältungen und Fieber.

Blätter des Boretsch
(Borago officinalis)
Stärken die Nebenniere; helfen bei Streß und Fieber und unterstützen die Rekonvaleszenz.

Bukkostrauch *(Agathosma betulina)*
Harntreibend, sehr nützlich bei Harnwegsinfektionen oder schmerzhaftem Harnlassen.

Wurzel der Großen Klette
(Arctium lappa)
Gut gegen trockene Haut, Rheuma, Nierenbeschwerden und Wunden.

Kümmel *(Carum carvil)*
Verdauungsfördernd, blähungstreibend; gegen Koliken und Appetitlosigkeit oder Durchfall.

Kardamom *(Elettaria cardamomum)*
Lindert Blähungen und Bauchschmerzen; regt den Appetit und den Speichelfluß an.

Katzenminze *(Nepeta cataria)*
Hilft bei Magenverstimmungen und Blähungen; auch gut gegen Erkältungen und Schnupfen.

Cayennepfeffer *(Capsicum minimum)*
Verdauungs- und durchblutungsfördernd; antiseptisch.

Selleriesamen *(Apium graveolens)*
Harntreibend mit besonderer Wirkung bei Arthritis, Rheuma und anderer Gelenkschmerzen.

Küchenschelle *(Stellaria media)*
Kühles, feuchtes Kraut zur äußerlichen Anwendung bei Wunden oder Schürfungen, innerlich bei Rheuma.

Zimt *(Cinnamomun zeylanicum)*
Hilft gegen Blähungen, Übelkeit, Erbrechen und Durchfall.

Gewürznelke *(Eugenia caryophyllus)*
Verdauungsanregend, lindert Übelkeit, Erbrechen und Blähungen; aufgrund ihrer antiseptischen und anästhetisierenden Eigenschaften kann sie lokal angewendet werden, zum Beispiel bei Zahnweh.

Mais *(Zea mays)*
Kühles feuchtes Kraut, das Entzündungen des Harnwegsystems lindert.

Quecke *(Agropyron repens)*
Stärkt ebenfalls das Harnwegsystem; ist bei Entzündungen der Blase, der Harnröhre, der Prostata und bei Nierensteinen angezeigt.

Gemeiner Schneeball *(Vinurnum opulus)*
Löst Muskelverspannungen im ganzen Körper; verhindert möglicherweise drohende Fehlgeburt.

Damiana *(Turnera aphrodisiaca)*
Stärkungsmittel für das Hormon- und Nervensystem; Antidepressivum.

Augentrost *(Euphrasia officinalis)*
Wie der Name sagt, lindert es Augenentzündungen; schleimhautstärkend und katarrhlösend.

Heloniaswurzel *(Chamaelirium luteum)*
Stärkungsmittel für das männliche und weibliche Fortpflanzungssystem; bei Schmerzen an den Eierstöcken, drohender Fehlgeburt und verspäteter oder ausbleibender Menstruation.

Wucherblume *(Tanacetum parthenium)*
Lindert Migräne und Kopfschmerz, Arthritis, Schwindel, Tinnitus und hilft bei schmerzhafter oder verzögerter Menstruation.

Forsythie *(Forsythia)*
Auch unter dem chinesischen Namen Lian Qiao (Wind-Hitze) bekannt, was soviel heißt wie plötzlicher Ausbruch eines fiebrigen Virus; wird deshalb bei ersten Anzeichen von Erkältung oder Schnupfen eingesetzt.

Ingwer *(Zingiber officinale)*
Kreislaufanregend, schweißtreibend, lindert Blähungen und Halsentzündungen.

Weißdornbeeren *(Crataegus oxyacanthoides)*
Normalisieren den Herzschlag, daher hilfreich bei Herzklopfen und hohem Blutdruck.

Geißblatt *(Lonicera)*
Auch unter der chinesischen Bezeichnung Jin Yin Hua bekannt. Wird bei fiebrigen Erkältungen und Schnupfen oft zusammen mit Forsythie in etwas höherer Dosierung (9–15 Gramm täglich) verabreicht.

Gemeiner Hopfen *(Humulus lupulus)*
Entspannendes Kraut, lindert Angstzustände, Schlaflosigkeit und nervösen Durchfall oder Magenverstimmung. Nicht über einen langen Zeitraum hinweg einnehmen; nicht bei depressiven Patienten verschreiben.

Ysop *(Hyssopus officinalis)*
Ausgezeichnet zur Linderung von Halsentzündungen, schweißtreibend, löst Angstzustände.

Piscidia-Rinde *(Piscidia erythrina)*
Schmerzlindernd und beruhigend; besonders nützlich bei schmerzbedingter Schlaflosigkeit.

Lindenblüten *(Tilia europaea)*
Ein entspannendes Kraut, das blutdrucksenkend wirkt; auch gegen Migräne und Erkältungen.

Longanfrucht
Auch unter der chinesischen Bezeichnung Long-Yan Rou bekannt. Durchblutungsfördernd und nervenberuhigend; angezeigt bei Schlaflosigkeit, Vergeßlichkeit, Herzklopfen und Schwindel.

Majoran *(Origanum vulgare)*
Aufgrund seiner schweißtreibenden und antiseptischen Wirkungen ist dieses Küchenkraut besonders gut gegen Erkältungen, Husten und Schnupfen.

Eibisch *(Althaea officinalis)*
Wurzeln und Blätter sind kühl und feucht; die Wurzel wirkt auf Verdauung und Haut, die Blätter auf Lungen und Harnwegsystem.

Mädesüß *(Filipendula ulmaria)*
Ausgezeichnetes Verdauungsmittel; wirkt bei Durchfall bei Kindern und bei Rheuma.

Herzgespann *(Leonurus cardiaca)*
Kreislaufstärkend, hilft daher bei Herzbeschwerden und reguliert die Menstruation; wird oft in der Menopause verwendet.

Königskerze *(Verbascum thapsus)*
Wirkt entzündungshemmend auf die Lungen und lindert Husten. Das Öl wird oft zur Verflüssigung von Ohrenschmalz verwendet.

Hafer *(Avena sativa)*
»Füttert« das Nervensystem; ausgezeichnet bei nervösen Erschöpfungszuständen und Depressionen.

Petersilie *(Petroselinum crispum)*
Enthält nicht nur viel Vitamin C, sondern hat auch harntreibende Wirkung; menstruationsfördernd, blähungstreibend. Große Mengen während der Schwangerschaft vermeiden.

Küchenschelle *(Anemone pulsatilla)*
Lindert Menstruationsbeschwerden, Spannungszustände und Kopfschmerzen; auch nützlich für die Haut und die Atemwege.

Poleiminze *(Mentha pulegium)*
Löst Muskelverspannungen und lindert Magenverstimmungen, die mit Koliken einhergehen. Hauptsächlich wirkt sie menstruationsfördernd. Während der Schwangerschaft vermeiden.

Pfefferminze
(Mentha piperata)
Reich an ätherischen Ölen; ausgezeichnetes Verdauungsmittel; lindert Blähungen, (morgendliche) Übelkeit, hilft bei fiebrigen Erkältungen und Schnupfen.

Gelbholzrinde
(Xanthoxylum americanum)
Regt den Kreislauf und das Lymphsystem an; angezeigt bei Rheuma und Hautkrankheiten.

Himbeerblätter *(Rubus idaeus)*
Traditionell verwendet zur Stärkung der Gebärmuttermuskulatur während der Schwangerschaft und bei Wehen; auch gut gegen Durchfall und Mundgeschwüre.

Rotklee
(Trifolium pratense)
Wird hauptsächlich bei Kindern mit Hautproblemen verwendet; auch gut gegen Husten.

Rhabarberwurzel *(Rheum palmatum)*
Nicht dasselbe wie Gartenrhabarber; hervorragend geeignet bei Verstopfung und zur Darmreinigung.

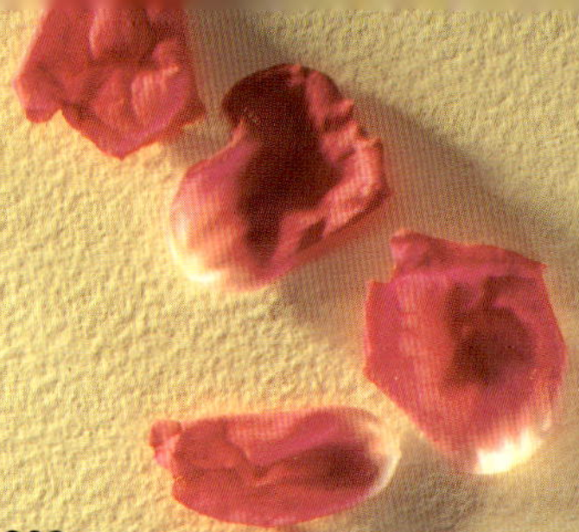

Rose
(Rosa gallica)
Alle roten Rosenblütenblätter können medizinisch genutzt werden, meistens die von Hybriden; auch die Hagebutten der Hundsrose haben ähnliche Wirkung: als Tonikum oder Adstringens oder als Nervenberuhigungsmittel und zur Stärkung des Immunsystems.

Rosmarin
(Rosmarinus officinalis)
Wirkt anregend auf den Kreislauf und das Nervensystem; fördert die Verdauung und lindert Muskelschmerzen.

Raute *(Ruta graveolens)*
Reguliert die Menstruation und lindert Krämpfe im Verdauungstrakt. Während der Schwangerschaft vermeiden.

Sägepalme *(Serenoa serrulata)*
Kräftigt das männliche Fortpflanzungssystem und hilft bei Prostataentzündungen und Harnwegsinfektionen.

Hirtentäschel *(Capsella bursa-pastoris)*
Wirkt milde harntreibend, menstruationsregulierend; seine adstringierende Wirkung hilft gegen Durchfall und Blutungen.

Helmkraut *(Scutellaria laterifolia)*
Stärkt und entspannt die Nerven; hervorragend geeignet bei PMS oder anderen Spannungszuständen.

Rotulme *(Ulmus fulva)*
Wirkt kühl und feucht auf das entzündete oder empfindliche Verdauungssystem; gut während der Rekonvaleszenz.

Rebhuhnbeere *(Mitchella repens)*
In Amerika heimisches Kraut, hervorragend als Vorbereitung auf Geburt; hilft auch bei Menstruationsschmerzen.

Johanniskraut *(Hypericum perforatum)*
Beruhigend und schmerzstillend, deshalb hilfreich bei Schmerzen aller Art; hilft auch bei wechseljahrsbedingten Stimmungsschwankungen.

Tangerinenschale
Auch unter der chinesischen Bezeichnung Chen Pi bekannt. Unterstützt die Verdauung, lindert Brechreiz sowie Blähungen und Völlegefühl.

Rainfarn *(Tanacetum vulgare)*
Angezeigt bei Wurmbefall des Verdauungstrakts, verdauungsfördernd, menstruationsfördernd.
Während der Schwangerschaft nicht über einen längeren Zeitraum einnehmen.

Wildkirschenrinde *(Prunus serotina)*
Lindert Hustenreiz, hilfreich bei Husten aller Art.

Yamswurzel *(Dioscorea villosa)*
Verdauungs- und menstruationsfördernd; lindert schmerzhafte, entzündete Gelenke und reguliert die Hormonfunktion.

Krauser Ampfer *(Rumex crispus)*
Blutreinigend, gut bei chronischen Hautproblemen und Verstopfung.

Chinesische Kräuter-Rezepturen

Die folgenden chinesischen Kräutermischungen beruhen auf traditionellen Rezepten. In Pillenform sind die Kräuter leichter einzunehmen als als Abkochung, die man täglich zubereiten muß. Allerdings sind sie nicht so wirksam. Hersteller in westlichen Ländern produzieren heute Variationen dieser traditionellen Rezepte. Pillen oder Pulver können andere Kräuter enthalten, die ihre Wirkungen verstärken oder leicht verändern. Die Handelsbezeichnung lautet zwar anders, aber der Name der traditionellen Zusammensetzung sollte angegeben sein. (Die deutschen Übersetzungen sind nicht belegt. In der Apotheke sind der chinesische Name oder aber die einzelnen Bestandteile geläufig.)

Bi Yan Pian »Freie-Nase-Pille«
Wirkt klärend bei Hitzestau und verstopften Atemwegen bei Heuschnupfen, Schnupfen und Nebenhöhlenbeschwerden.
DOSIERUNG: 4–6 Tabletten, dreimal täglich.

Dang Gui Bu Xne Tang »Blutstärkende Angelica-Abkochung«
»Füttert« das Blut und Qi; wird oft nach der Geburt oder bei Anämie verabreicht.
DOSIERUNG: 5 Tabletten zwei- bis dreimal täglich.

Nu Ke Ba Zehn Wan »Unentbehrliche Frauenpillen«
Sehr gutes, allgemeines Stärkungsmittel für Frauen, besonders nach einer Geburt, bei Ermüdungszuständen oder Blutverlust.
DOSIERUNG: 5 Tabletten, zwei- bis dreimal täglich.

Qi Ju Di Huang Wan »Bocksdornfrucht-Chrysantheme-Rehmannia-Pille«
Diese nährende Mischung wird bei trockenen, schmerzenden Augen angewandt, bei Verlust der Sehschärfe, Lichtscheuheut und tränenden Augen bei Wind. Hilfreich bei älteren Menschen.

Shen Ling Bai Zhu Pian
Unterstützt die Verdauung, besonders bei weichem Stuhlgang und Durchfall; gut gegen Blähungen, Völlegefühl und Magenverstimmung. Für Kinder und zur längerfristigen Einnahme geeignet.
DOSIERUNG: 5 Tabletten, zweimal täglich (halbe Dosis für Kinder).

Si Jun Zi Tang »Vier-Herren-Abkochung«
Diese milde Rezeptur kann man über längere Zeit hinweg einnehmen, um die Verdauung und Qi (Lebenskraft) zu stärken, beispielsweise nach einer schwächenden Krankheit.
DOSIERUNG: 5 Tabletten, zwei- bis dreimal täglich.

Tian Wang Bu Xin Wan »Kaisertee«
Beruhigende Rezeptur gegen Schlaflosigkeit, Angstzustände und Herzklopfen.
DOSIERUNG: 5 Pillen, zweimal täglich.

Chinesische medizinische Kräuter werden als Absud eingenommen oder zu Pastillen und Pulver zermahlen.

Xiao Yao Wan »Freier, unbeschwerter Wanderer«
Unterstützt Leber und Kreislauf und ist daher bei vielen Symptomen angezeigt, auch Verdauungs- und Menstruationsbeschwerden.
DOSIERUNG: 5 Pillen, zweimal täglich.

Xiang Sha Liu Jun Wan »Sechs-Herren-Tee-Pille«
Stärkt träge Verdauung; hilft gegen Völlegefühl und Blähungen.
DOSIERUNG: 5 Pillen, zweimal täglich.

Yin Qiao Jie Du Pien »Fieberfrei-Tabletten«
Wird sofort bei den ersten Anzeichen einer fiebrigen Erkältung oder Schnupfen eingenommen; hilft gegen Halsentzündung und verhindert manchmal die Ausbreitung des Virus.
DOSIERUNG: 5 Pillen alle zwei bis drei Stunden am ersten Tag, danach Dosis reduzieren.

Yu Ping Feng San »Jade-Windschutz-Pulver«
Schützt vor hartnäckigen Erkältungen und stärkt das Immunsystem; kann mehrere Monate lang eingenommen werden.
DOSIERUNG: 5 Tabletten, zwei- bis dreimal täglich.

Grundprinzipien

Kräuter erhalten Sie bei Lieferanten in verschiedenen Formen, am häufigsten als lose getrocknete Kräuter und Tinkturen. Was Sie nehmen, kommt ganz auf Ihren Geschmack an. Manche Leute haben die losen Kräuter gern in der Hand und achten auf deren Beschaffenheit, Aussehen und das Aroma – Dinge, die für ihre heilenden Eigenschaften wichtig sind. Andererseits sind Tinkturen (eine Lösung des Krauts in Alkohol) sicher einfacher zu handhaben und länger haltbar. Probieren Sie es so lange aus, bis Sie die Ihnen passende Form gefunden haben. Es gibt jedoch ein paar Richtlinien. Einige Kräuter – beispielsweise Orangenwurzel, Schafgarbe und Baldrian – schmecken vielen nicht. Wenn also das Rezept, das Sie herstellen, eines dieser Kräuter enthält, sind Tinkturen eventuell schmackhafter; da sie so konzentriert sind, nimmt man davon kleinere Mengen. Kräuter, die aus der Wurzel oder Rinde der Pflanze bestehen, wie Sonnenhutwurzel, müssen gekocht werden (Abkochung), damit sich ihre volle therapeutische Wirkung entfalten kann.

Da bei Tinkturen die Kräuter in Alkohol gelöst sind und dieser meistens wärmende Energie hat, vermeiden einige Kräuterkundige Tinkturen bei Beschwerden wie Fieber oder Entzündungen. Das können Sie umgehen, indem Sie sie mit viel Flüssigkeit einnehmen.

Sie können sich selbst Teebeutel aus kleinen Stückchen Stoff machen, dann brauchen Sie den Tee nicht durchzuseihen.

Vorsichtsmaßnahmen

Im allgemeinen können junge und ältere Menschen Kräuter unbedenlich einnehmen, ohne daß viele Nebenwirkungen auftreten. In manchen Fällen ist jedoch Vorsicht geboten, beispielsweise in der Schwangerschaft. Bei schwangeren Frauen wird ein Großteil der Energie auf die Schaffung neuen Lebens verwandt; dieses heikle Gleichgewicht funktioniert am besten, wenn man möglichst selten eingreift. Zahlreiche Kräuter können die Gesundheit der schwangeren Frau erhöhen, manche sind aber auch ungeeignet und dürfen nicht eingenommen werden. Eine vollständige Liste dieser Kräuter finden Sie im Abschnitt über Schwangerschaft (Seite 43).

Einige empfindliche Menschen reagieren möglicherweise mit Ausschlag, Kopfweh, Übelkeit oder anderen ungewöhnlichen Symptomen auf Kräuter. Dann sollten Sie diese nicht mehr nehmen und einen erfahrenen Naturheilkundigen um Rat fragen. Menschen mit schlechter Verdauung haben Schwierigkeiten mit Tinkturen; wenn sie Ihrem Magen nicht bekommen, versuchen Sie es statt dessen mit Kräutertee oder einer Abkochung.

Kräuter aussuchen

Kräuter wirken ganzheitlich und harmonisch auf den menschlichen Organismus. Das ist ihr Vorteil gegenüber allopathischen Medikamenten, die meistens nur einseitig – und recht aggressiv – wirken. Wenn Sie beispielsweise Schnupfen bekommen und Sie Sonnenhutwurzel nehmen, unterstützt die Pflanze nicht nur Ihr Immunsystem, sondern hilft auch den Virus zu bekämpfen und übermäßige Schleimbildung zu verhindern.

Vielleicht sind aber zwei oder mehr Kräuter zusammen sinnvoll, um eine weitere Reaktionspalette abzudecken. Sie wollen beispielsweise Sonnenhutwurzel mit zwei oder drei anderen Kräutern – wie Schafgarbe – kombinieren und sie gegen Fieber einnehmen; Klettenlabkraut oder Ringelblume für geschwollene Drüsen; und Orangenwurzel zur Klärung der Schleimhäute. Wenn Sie ruhelos sind oder schlecht einschlafen können, können Sie ein entspannendes Kraut wie Helmkraut oder Passionsblume beimischen. Die meisten in diesem Buch vorgestellten Rezepte enthalten mehrere Kräuter, die gut zusammenpassen. Sie können ihre eigenen Rezepturen zusammenstellen, wenn Sie sich mit den Kräutern vertraut gemacht haben. Vergessen Sie nicht, daß Kräuter auf psychischer wie auch auf körperlicher Ebene wirken; wenn Sie eines gegen Husten auswählen und der Patient gleichzeitig unter Erregbarkeit oder Schlafproblemen leidet, entscheiden Sie sich vielleicht für Ysop, das milde beruhigende Wirkung hat und auch den Auswurf fördert. Die Bachblüten sind ein eigenständiges System, das sich die heilenden Eigenschaften von Blumen zunutze macht. Sie werden nur aufgrund der emotionalen Verfassung des Patienten verschrieben. Mehr darüber auf Seite 56–59.

Eine Kanne Kräutertee ist eine erfrischende Alternative zu schwarzem Tee oder Kaffee. Er schmeckt gut und ist gleichzeitig ein Medikament gegen Ihre Beschwerden.

EMPFOHLENE DOSIERUNGEN

	Erwachsene	Kinder und Personen ab 70
TEES:	1–2 Tassen, dreimal tgl.	1/2 Tasse, dreimal tgl.
ABKOCHUNG:	1 Tasse, zwei- bis dreimal tgl.	1/2 Tasse, dreimal tgl.
TINKTUREN:	10 Tr. – 5 ml (1 EL), dreimal tgl.	5–10 Tr., dreimal tgl.

Die angegebenen Mengen in dieser Tabelle bleiben unverändert, egal ob Sie ein oder mehrere Kräuter nehmen. Bei Kräuterkombinationen sollte man diese zu gleichen Teilen mischen. Bei einigen Kräutern ist nur die halbe Menge angegeben, darunter Orangenwurzel, da sie eine leicht aggressiv austrocknende Wirkung hat und am besten in kleinen Mengen über kürzere Zeiträume hinweg genommen wird.

Die Dosierungen sind aber meistens allgemein gültig. Bei Abweichungen ist dies an anderer Stelle erklärt, z. B. bei chinesischen Kräutern, bei denen das exakte Grammgewicht länger als üblich abgekocht werden sollte (45 Minuten).

Tee

Ein Aufguß ist wie ein Kräutertee oder eine Kräutermischung – die meisten bereiten ihren Aufguß tatsächlich in der Teekanne zu. Mit einem Aufguß lassen sich Blätter und Blüten wie Eibisch, Lavendel oder Brennessel gut zubereiten. Während man bei den meisten Aufgüssen Blätter in heißem Wasser ziehen lassen muß, müssen Sie Wurzeln oder Rinde erst abkochen.

Für einen Aufguß geben Sie zwei Teelöffel Kräutermischung in eine angewärmte Teekanne (Glas oder Porzellan ist am besten geeignet; vermeiden Sie wenn möglich Metallkannen), und gießen Sie zwei Tassen kochendes Wasser darüber. Lassen Sie das Ganze 10–15 Minuten ziehen, rühren Sie gelegentlich um. Den Aufguß trinkt man normalerweise heiß, aber Sie können ihn genausogut kalt oder geeist trinken, wie Sie wollen; zum Süßen nehmen Sie Honig, Gerstenmalz, Apfeldicksaft oder Süßholzwurzel.

Abkochung

Unter Abkochen versteht man kochen oder köcheln lassen. Diese Methode wird bei allen Kräutern angewandt, bei denen der holzige oder harte Teil – Wurzeln, Rinde, Samen oder Wurzelstock – verwendet wird.

Geben Sie circa 30 Gramm Kräutermischung auf 500 Milliliter Wasser in einen Topf, am besten aus Glas oder Keramik. Ansonsten können Sie auch einen Metalltopf nehmen, aber keinesfalls aus Aluminium, da es giftig ist und Spuren davon in die Kräuter gefiltert werden. Bringen Sie das Ganze zum Kochen und lassen Sie es 10–15 Minuten köcheln. Kurz abkühlen lassen und abgießen. Pressen Sie dabei die Kräuter aus, damit alle wertvollen Bestandteile erhalten bleiben.

Ein Nachteil der Abkochung ist, daß sich die ätherischen Öle mancher Pflanzen verflüchtigen. Fenchel, Anis und Pfefferminz, die verdauungsfördernd sind, sind abgekocht nicht so wirkungsvoll. Bei einem Rezept mit Wurzeln und Blättern können Sie beide getrennt zubereiten und dann vor dem Trinken die beiden Flüssigkeiten mischen; oder Sie fügen nach der Abkochung die Blätter und Blüten hinzu, solange die Mischung noch heiß ist, und lassen sie 10 Minuten stehen. Sie können Wurzeln auch effektiv ziehen lassen, wenn Sie sie vorher fein zermahlen; einige Naturheilkundige haben pulverisierte Kräuter jetzt vorrätig.

Kräutertees über einen gewissen Zeitraum regelmäßig getrunken, können Gesundheit verbessern, Lebenskraft erhöhen und zu allgemeinem Wohlbefinden führen.

CHINESISCHE KRÄUTER

Chinesische Kräuter werden normalerweise länger abgekocht – etwa 45 Minuten. Sie erhalten eine ziemlich dunkle Flüssigkeit, die unangenehm schmeckt, aber meistens sehr wirkungsvoll ist!

Tinkturen

Hier sind die Kräuter meistens in Alkohol gelöst; man kann sie auch für eine Zubereitung auf Essig- oder Glycerinbasis verwenden. Die Vorteile von Tinkturen sind ihre große Haltbarkeitsdauer (etwa zwei Jahre), einfache Anwendung und die Tatsache, daß sich die meisten aktiven Kräuterbestandteile gut in Alkohol verdünnen lassen. Tinkturen sind etwas teurer als lose, getrocknete Kräuter.

Sie können Tinkturen zu Hause herstellen, aber das ist umständlich, und wahrscheinlich sind sie nicht so stark oder nicht so lange haltbar wie beim Kräuterlieferanten. Solche Läden verkaufen oft Tinkturen in 500-Milliliter-Flaschen – eine recht große Menge für den Hausgebrauch; bei einigen gibt es sie aber auch in kleineren Mengen, oder sie mischen Ihnen ein paar Kräuterlösungen in einer Flasche.

Viele verdünnen Tinkturen in einem halben Glas Wasser oder Apfelsaft, aber es geht auch mit Tee! Kaffee wirkt stark harntreibend und anregend und eignet sich daher nicht so gut zum Verdünnen. Gegenüber Alkohol, der sich schon bei geringen Temperaturen verflüchtigt, hat Tee außerdem den Vorteil, daß der Alkohol in der Tinktur teilweise verdampft. Die Dosis für Kinder steht auf der Tabelle auf Seite 19. Mindestens eine halbe Stunde vor den Mahlzeiten einnehmen.

Wein-Tonikum

Man kann Kräuter auch in Wein ziehen lassen und sein eigenes Weintonikum machen: es schmeckt angeblich sehr gut, ist aber nicht so lange haltbar wie eine Alkoholtinktur. Viele Aperitive und Liköre waren ursprünglich Kräuterarzneien, die die Verdauung anregen sollten.

Kräuter werden in Alkohol und Essig konserviert.

Kräutertinkturen lassen sich leicht einnehmen und sind bis zu zwei Jahre haltbar.

Sirup

Damit überredet man Kinder leicht, Kräuter einzunehmen – sie wirken auch hustenreizstillend. Man sollte sie jedoch nicht so oft einnehmen, da der enthaltene Zucker schädlich ist; sonst machen Sie die Heilwirkung der Kräuter zunichte!

Sirupe lassen sich einfach zubereiten: Geben Sie 600 Milliliter kochendes Wasser mit 900 Gramm Zucker in einen Topf, lassen Sie das Ganze unter ständigem Rühren nochmals aufkochen und schalten Sie dann die Herdplatte aus. Mischen Sie die Sirupbasis mit der gewünschten Tinktur (drei Teile Sirup auf einen Teil Tinktur), und stellen Sie es in den Kühlschrank. Sirupe eignen sich auch gut zum Gurgeln.

Huflattichsirup lindert und stillt Husten.

Kinder nehmen Kräuter gern mit Sirup ein.

Tabletten und Pulver

Einige Kräuter sind bereits in Tablettenform erhältlich: Sonnenhut-Tabletten findet man beispielsweise oft in Naturkostläden, ebenfalls verschiedene beruhigende Kräutertabletten, meistens eine Mischung aus Baldrian, Passionsblume, Hopfen und Lattichextrakt.

Chinesische Kräuterrezepturen – erprobte und geprüfte Rezepte, von denen einige seit tausend Jahren Anwendung finden – sind ebenfalls oft in Tablettenform (siehe Seite 26–27), manchmal auch als Tinktur erhältlich.

Pulverisierte Kräuter gibt es jetzt immer öfter in Läden. Man kann sie trocken essen, mit Wasser mischen und trinken oder als Gelatinekapseln einnehmen. Am besten sind die, die abgekocht und anschließend gefriergetrocknet werden. Handelt es sich um das Kraut im feingemahlenen Zustand, entfaltet es wahrscheinlich nicht seine ganze Wirkung.

Passionsblume, ein schlafförderndes und entspannendes Kraut, ist oft in Kräutertabletten enthalten.

Kompressen und Umschläge

Dies sind noch zwei weitere Möglichkeiten, Kräuter äußerlich anzuwenden. Für eine Kompresse tränkt man ein sauberes Stück Stoff oder Watte mit dem heißen Aufguß oder der Abkochung und legt sie möglichst heiß auf die Haut.

Für Umschläge mischt man eine Paste aus der Kräutermischung mit Wasser. Diese legt man dann zwischen zwei dünne Stofflagen wie zum Beispiel Verbandsmull. Lokal angewendet, beschleunigen sie den Heilungsprozeß an den betroffenen Stellen; Kräuter wie Beinwell oder Eibisch werden oft verwendet.

Kompresse – Tränken Sie ein sauberes Stück Stoff mit Kräutertee. Für äußere Verletzungen oder Hautprobleme geeignet.

Beinwell-Umschlag – Die Blätter werden äußerlich angewendet, um Verstauchungen und schlimme Schnittwunden zu heilen, Schmerz und Entzündungen zu lindern und Furunkel und Abszesse zu leeren.

Bäder

Da die heilenden Eigenschaften von Kräutern von der Haut gut absorbiert werden, erwähnen wir hier auch Kräuterbäder (als Vollbad, Fuß- oder Handbad). Für ein Vollbad geben Sie entweder ungefähr 500 Milliliter Abkochung oder Aufguß in das Badewasser oder hängen die frischen oder getrockneten Kräuter in einem Mullsäckchen unter das fließende, heiße Wasser.

Bei Fuß- und Handbädern wird die Kräuterzubereitung unverdünnt verwendet, das fördert wirksam den Schlaf. Nehmen Sie Baldrian, Helmkraut und Hopfen für Erwachsene, oder bei Kindern Lindenblüten und Kamille, die sanfter wirken. Einige Aufgüsse eignen sich kalt hervorragend zur lokalen äußeren Anwendung: Ein schwacher Augentrost-Aufguß ist beispielsweise gut für eine Augenspülung bei Wunden oder infizierten Augen geeignet. Diese Methode kann man auch bei Tieren anwenden (lassen Sie die Flüssigkeit aber erst kalt werden!).

Kamille
(Anthemis nobilis)

Ein einfaches Kräuterbad wirkt entspannend.

Yin und Yang

Die Theorie von Yin und Yang geht auf die frühe chinesische Zivilisation und ihre Philosophen zurück. Man kann Kräuter anwenden und verschreiben, ohne diese Prinzipien zu verstehen, aber sie sind ein wichtiger Teil der chinesischen Kräutermedizin und haben auch einen Bezug zu der Wirkung mancher westlicher Kräuter.

Nach der Theorie von Yin und Yang bestehen alle Systeme im Universum aus diesen beiden widersprüchlichen, aber doch voneinander abhängigen Energien: aus Yin und Yang entstehen all die millionenfachen Formen der Schöpfung. Man kann sie annähernd mit Wasser und Feuer mit ihren jeweiligen Eigenschaften vergleichen, aber das ist eine sehr vereinfachte, an westliches Denken angepaßte Darstellung! Die folgende Liste vermittelt Ihnen eine Vorstellung davon, wie diese beiden Kräfte in Gegensatz zueinander existieren:

YIN
Eibischblätter
(Althaea officinalis)

YIN (WASSER)	YANG (FEUER)
Kälte	Hitze
Mond	Sonne
unten	oben
schwer	leicht
dunkel	hell
still	aktiv
Sein	Tun
naß	trocken
langsam	schnell
Nacht	Tag

Aus diesen Vergleichen wird ersichtlich, daß das Wesen von Yang eher heiß, hell, aufwärts und aktiv ist. Oft sieht man darin eine eher männliche Energie verkörpert. Yin hingegen ist kühl, feucht, nach innen gerichtet und nährender und wird meistens als eher weiblich in seinem Wesen bezeichnet. Es gibt in diesem System keine Wertvorstellungen; jede Energie stellt die vollkommene Ergänzung und einen Gegensatz zur anderen dar und kann ohne sie nicht existieren.

Idealerweise sollten diese Energie im menschlichen Körper und Geist ausgewogen sein. Dann herrscht gute Gesundheit vor. Ist eine der beiden Energien erschöpft, beeinflußt sie die andere nachteilig, und Krankheit ist möglicherweise das Ergebnis. Diese wechselseitige Abhängigkeit wird manchmal mit Krankheitsbegriffen dargestellt; wenn jemand an einer Krankheit mit hohem Fieber und Schweißausbrüchen leidet, fühlt er sich heiß, trocken und energielos, und dieses Gefühl dauert manchmal noch an, wenn das Fieber abgeklungen ist. Denn die Kör-

YIN
Essigrose
(Rosa gallica officinalis)

persäfte (yin) wurden durch den Aufheizeffekt des Fiebers erschöpft. Kräuter helfen dabei, das Gleichgewicht zwischen Wasser und Feuer im Körper wiederherzustellen.

Einige Kräuter haben kühlere und feuchtere (oder Yin-)Energie und Wirkung und werden angewendet, um den Verdauungstrakt oder die Lungen zu kühlen, zu befeuchten und zu glätten, zum Beispiel Eibisch, Huflattich und Rotulme. Andere sind eher trocknend und wärmend, wie Frauenmantel, ein Stärkungsmittel für das Fortpflanzungssystem mit Yang-Wirkung. Manche Kräuter sind sowohl kühlend als auch trocknend, wie Orangenwurzel und Sonnenhut. Deshalb hemmen sie Infektionen im ganzen Körper. Bis auf einige Ausnahmen haben die Blätter und Blüten einer Pflanze eher kühlende und die Wurzeln eher wärmende Wirkung. Bei der Auswahl von Kräutern für eine bestimmte Person oder ein bestimmtes Symptom sollte man in bezug auf die Energie des Patienten ihre »Temperatur« berücksichtigen. Das gilt besonders für chinesische Kräuter und Patentrezepturen, die sehr stark wirken können (siehe Seite 17).

YANG
Ingwerwurzel
(Zingiber officinale)

YANG
Zimt
(Cinnamomum zeylanicum)

YANG
Löwenzahnwurzel
(Taraxacum officinale)

Chinesische Kräutermedizin

Die Tradition der Chinesischen Kräutermedizin geht auf Manuskripte vom Ende des 3. Jahrhunderts v. Chr. zurück, die man im Grab des Ma Wang Tui in der Provinz Hunan gefunden hat. Der »Innere Klassiker des Gelben Fürsten«, der vor etwa 2000 Jahren verfaßt worden sein soll, enthält viele theoretische Grundlagen der traditionellen chinesischen Medizin. Der eigentliche Begründer der chinesischen Kräuterformeln ist Zhang Zhong-Jing, der Ende des 3. Jahrhunderts n. Chr. eine Abhandlung mit dem Titel *Shang han za bing lun* (»Abhandlung über schädigende Kälte und andere Krankheiten«) verfaßte. Diese Grundrezepte haben sich im Lauf der Jahre so weit entwickelt, daß sie heute in der modernen chinesischen Medizin eine große Rolle spielen.

Das andere bedeutende Werk des Wu Ju-Tong aus dem ausgehenden 18. Jahrhundert, *Wen bing tiao bian* (»Systematische Unterscheidung warmer Krankheiten«), gibt noch mehr Einblicke in die Diagnose und Behandlung mit chinesischen Kräuterrezepturen. Diese klassischen Texte haben viele Diskussionen ausgelöst und schließlich zur Entwicklung vieler Rezepturen geführt, die in der modernen chinesischen Medizin verwendet werden.

Ein chinesisches Kräuterrezept enthält mitunter eine erstaunliche Vielfalt an Kräutern.

Die Eigenschaften chinesischer Kräuter entdeckte man lange vor der Entwicklung wissenschaftlicher Methoden. Jahrhundertelange Versuche und die Diskussionen, die die zahlreichen Abhandlungen über Kräuter auslösten, führten schließlich zu einer genaueren Definition dieser Kräuter. Vor kurzem wurden sie einer gründlichen biochemischen Analyse unterzogen. In einigen Fällen wurde ihre traditionelle Verwendung bestätigt. In anderen Fällen wußten die Forscher nicht, weshalb bestimmte Kräutermischungen eine Krankheit eigentlich heilten. Für manche Kräuter wurden neue Einsatzmöglichkeiten gefunden – beispielsweise fand man heraus, daß einige von ihnen antikarzinogene Wirkung haben.

Traditionell werden chinesische Kräuter klassifiziert entsprechend der »Temperatur«, die sie auslösen, ihrem Geschmack, dem »Kanal«, durch den sie in den Körper gelangen, und der Frage, ob sie Yin, Yang oder neutral sind. Tragant (Huang Qi) ist beispielsweise süß und leicht wärmend, dringt durch die Kanäle Lunge und Milz ein und stärkt das Yang-Qi. Wie im Kapitel über Yin und Yang erwähnt (Seite 24–25), ist Yang vom Wesen her eher heiß, hell, aufwärtsstrebend und aktiv. Ein Anwendungsbereich von Tragant ist die Behandlung von Vorfällen, denn er hebt die absteigende Energie, die das Organ nach unten zieht. Sein süßer Geschmack bedeutet, daß er stärkend und nährend ist. Da er über die Lunge und die Milz eindringt, stärkt er das Immunsystem und beugt Krankheiten vor.

Chinesische Kräuter werden öfter zusammen als einzeln verwendet. Die Kräutermischung der chinesischen Rezepturen ist in ihrer Wirkung ausgewogen. Am häufigsten erklärte man Rezepte anhand der politischen Struktur der chinesischen Dynastie. Der Name der als »Vier-Herren-Abkochung« (Si Jun Zi Tang) bekannten chinesischen Rezeptur ist von dem konfuzianischen Begriff für einen Menschen mit beispielhaftem Verhalten und der Zahl vier, die für Harmonie steht, abgeleitet. Es handelt sich hierbei um ein einfaches, gemäßigtes Rezept von vier Kräutern, die die Verdauung fördern und das Qi stärken. Das Hauptkraut, auch als »Herrscher« oder Jun-Kraut bekannt, ist Ginseng (Ren Shen), ein wirkungsvolles Stärkungsmittel für die Verdauung und die allgemeine Energie. Der »Minister« oder das Chen-Kraut – Wurzelstock des weißen Atractylodes (Bai Zhu) – tritt als »Ratgeber« auf. Diese beiden Kräuter wirken synergistisch auf die Verdauung ein. Der »Assistent« oder das Zuo-Kraut ist Poria (Fu Ling). Es wirkt stärkend und trocknend und verhindert, daß das Rezept allzu süß und blähend wird. Er läßt sich gut mit dem »Gehilfen« oder Shi-Kraut, in Honig ausgebackenem Süßholz (Zhi Gan Cao) mischen, das das ganze Rezept in den Verdauungstrakt befördert.

Bei chinesischen Patentarzneien handelt es sich um klassische Rezepte in Pillenform. So lassen sich Kräuter leichter einnehmen, obwohl sie nicht so stark wirken wie Abkochungen.

Verschiedene Kräuterfirmen variieren diese Rezepte. Sie werden meist unter anderem Namen verkauft, die ursprüngliche Rezeptur sollte aber dabeistehen. Viele moderne Kräuterfirmen versuchen die traditionellen Rezepturen zu erweitern und ihre Wirkung auf Langzeitkrankheiten wie AIDS und Krebs zu konzentrieren. Hoffentlich kann man mit diesen neuen Einsichten in die Weisheit der Vergangenheit erfolgreichere Behandlungen finden oder – noch besser – von vornherein verhindern, daß diese Krankheiten überhand nehmen.

Seit Jahrhunderten praktizieren die Chinesen Kräutermedizin und kennen viele Heilmittel, die auf die Behandlung moderner Krankheiten abgestimmt wurden.

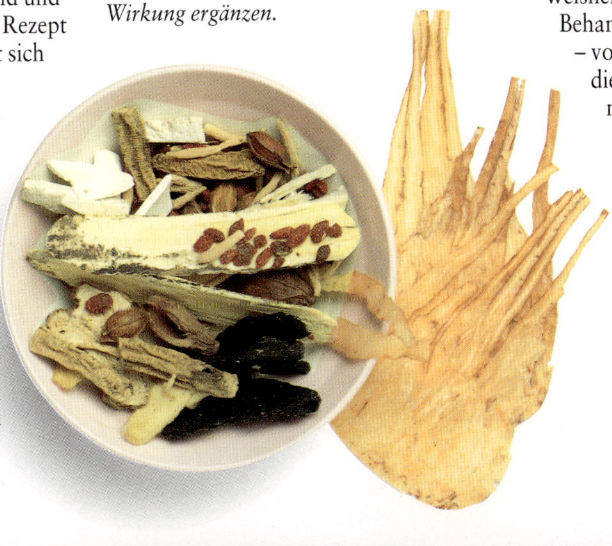

Chinesische Kräuterrezepturen bestehen aus verschiedenen Kräutern, die sich in ihrer Wirkung ergänzen.

Spezifische Anwendungen

Kräuter gehören in den Bereich natürlicher oder energetischer Medizin und werden als solche, wie alle holistischen Methoden, am besten präventiv eingesetzt. Wenn Sie beispielsweise eine Erkältung oder einen Schnupfen im Frühstadium behandeln, sollten Sie eine Infektion des Brustkorbs oder eine Bronchitis verhindern können; genauso verhindert man durch frühzeitige Bekämpfung der Symptome einer Magenverstimmung vielleicht ein Magengeschwür. Die meisten Menschen fühlen sich gesünder und wohler, wenn sie die Verantwortung für ihre Gesundheit selbst übernehmen und die Kontrolle über das haben, was sie ihrem Körper zuführen. Oft macht der überlegte Einsatz von Kräutern einen Arztbesuch überflüssig. Wenn die Symptome aber ernsthaft oder nicht behandelbar sind, ist es sicher besser, professionellen Rat einzuholen. Wo es angemessen erschien, sind in diesem Kapitel andere Bereiche der Komplementärmedizin erwähnt, die sich bei spezifischen Beschwerden als hilfreich erwiesen haben. Jeder sollte natürlich selbst beurteilen, wann er einen Arzt aufsuchen sollte. Sicherlich rettet die moderne Medizin Leben, und Medikamente wie Antibiotika sind bei schweren Infektionen durchaus angezeigt. Doch ihre unüberlegte Einnahme schädigt den Verdauungstrakt und das Immunsystem. Wenn Sie allopathische Medizin einsetzen, eignen sich Kräuter sehr gut dazu, Nebenwirkungen oder unerwünschte Folgeerscheinungen zu lindern.

Nachtkerze
(Oenothera biennis)

Dieses Kapitel ist nach Körpersystemen aufgebaut:

Gartenringelblume
(Calendula officinalis)

KOPF- UND BRUSTBEREICH

Seite 30–35

Dieses erste Kapitel behandelt allgemeine Virusbeschwerden, die die Atemwege betreffen, wie Husten und Erkältungen, Halsweh und Grippe.
Kräuter für chronische Beschwerden wie Migräne, Kopfweh und Rhinitis (Heuschnupfen) werden ebenfalls erwähnt.

DAS VERDAUUNGSSYSTEM

Seite 36–39

Kräutermedizin ist sehr hilfreich bei Verdauungsbeschwerden. In diesem Kapitel geht es um unterschiedliche Probleme einschließlich Sodbrennen, Übelkeit, Durchfall, Verstopfung und Reizkolon.

Fenchel
(Foeniculum vulgare)

Essigrose
(Rosa gallica officinalis)

FORTPFLANZUNGS- UND HARNWEGSYSTEM

Seite 40–45

Kräuter erleichtern die Funktion der Fortpflanzungsorgane und machen die Übergangsphasen im Leben der Frau – Pubertät, Geburt und Menopause – zu positiveren Ereignissen.

DER GANZE KÖRPER UND DIE HAUT

Seite 46–51

In diesem Kapitel geht es um Beschwerden, die den ganzen Körper oder einen Teil von ihm betreffen: Schmerzen, Ausschlag und Müdigkeit. Dazu gehören Kräuter für Arthritis, Rheuma, postvirale Müdigkeit, Ekzeme und Akne.

Süßholz
(Glycyrrhiza glabra)

Empfohlene Kräuter

Haben Sie die empfohlenen Kräuter gegen bestimmte Beschwerden gefunden, sollten Sie im Kapitel über Kräuter und ihre Wirkungen (Seite 8–17) nachprüfen, ob sie für Sie und Ihre Symptome geeignet sind.

GEFÜHLE

Seite 52–55

Streß, Angst oder Schlaflosigkeit können jeden irgendwann im Leben treffen. Kräuter können Ihre Probleme nicht beseitigen, aber sie erleichtern Ihnen den Umgang damit. Viele Kräuter mit beruhigender, schlaffördernder oder depressionslindernder Wirkung gehören dazu. Wir raten Ihnen jedoch, bei andauernden emotionalen Problemen Ihren Arzt oder Therapeuten aufzusuchen.

Passionsblume
(Passiflora incarnata)

Kopf- und Brustbereich

Die meisten Leute haben mindestens einmal im Jahr Beschwerden in diesem Bereich. Der Chinese würde sagen, daß eine Krankheit zuerst über Kopf und Hals eindringt, da diese sich oben am Körper befinden und am meisten kalten Winden und nassem Wetter ausgesetzt sind. Im Westen geht man davon aus, daß sich Viren in der Luft befinden und deshalb oft das Atemwegesystem befallen. Ein paar einfache Kräuter schaffen große Erleichterung, ohne daß andere Medikamente nötig werden, besonders wenn man sie rechtzeitig einnimmt. Viele meinen, daß sich Erkältungen am besten mit Kräutern behandeln lassen – viel besser als mit Antibiotika. Bei hohem Fieber, Schmerzen oder unklaren Beschwerden müssen Sie natürlich ärztlichen Rat einholen. Wenn Sie Antibiotika einnehmen müssen, können Sie getrost die aufgelisteten Kräuter weiternehmen.

Normale Erkältung

Erkältungen werden oft als lästig empfunden. Aber damit sagt Ihnen Ihr Körper, daß er müde ist und eine Ruhepause braucht. Bei einer Erkältung kann der Körper alle Giftstoffe ausschwemmen, die sich im täglichen Leben angesammelt haben. Diesen Prozeß kann man durch Ausruhen, häufiges Trinken, leichte Kost und Vitamin C unterstützen.

Pfefferminz
(Mentha piperata)

Schafgarbe
(Achillea millefolium)

Holunder, Pfefferminz und Schafgarbe

Diese aromatischen und trocknenden Kräuter sind sehr hilfreich im Frühstadium einer Erkältung. Trinken Sie Abkochungen alle zwei Stunden so heiß wie möglich. Sie machen den Kopf frei und trocknen Ihre laufende Nase.

Wasserdost und Katzenminze

Diese Kräuter beseitigen leichtes Fieber und lindern Beschwerden bei Schnupfen. Mischen Sie sie bei Bedarf mit anderen Kräutern. Durch Fieber und Schwitzen wird man eine Erkältung meistens schnell wieder los. Diese Kräuter sind schweißtreibend und fiebersenkend.

Geißblatt
(Lonicera)

Yin Qiao Jie Du Pien
Mit dieser chinesischen Patentarznei wird man Erkältungen los. Man muß sie bei den ersten Anzeichen einer Erkältung einnehmen, bevor sie da ist. Nehmen Sie alle zwei bis drei Stunden fünf Pillen mit einem warmen Getränk ein.

Geißblatt und Forsythie sind die Hauptbestandteile dieser Rezeptur. Sie beseitigen leichte Verkühlungen und Fieber, Kopfweh, Durst und Husten. Als Aufguß geben Sie einen Teelöffel von jedem Kraut in einen Topf kochendes Wasser. Mit Honig süßen.

Halsweh

Oft ist Halsweh das erste Anzeichen einer Erkältung. Mit viel Ruhe und viel Flüssigkeitszufuhr sollte es schnell vorübergehen. Dauert es an und ist sehr schmerzhaft mit geschwollenen Drüsen, liegt vielleicht eine Halsinfektion vor, die fachärztlich behandelt werden muß.

Gartenringelblume
(Calendula officinalis)

SONNENHUT, KLETTENLABKRAUT UND RINGELBLUME

Diese Kräuter helfen bei nartnäckigem Halsweh und Halsentzündungen.

Sonnenhut bekämpft wirkungsvoll Infektionen und wird oft als Tinktur eingenommen. Erwachsene sollten zwei- bis dreimal täglich mindestens einen Teelöffel bei schweren Infektionen nehmen, für Kinder lieber eine kleinere Dosis. Klettenlabkraut und Ringelblume beseitigen auch Infektionen des Lymphsystems und können zusammen als Tee oder Tinktur eingenommen werden.

Salbei
(Salvia officinalis)

SALBEI

Bereiten Sie einen Aufguß aus einem gehäuften Teelöffel Salbei in einer Tasse Wasser und gurgeln Sie damit. Sie können es auch als Beruhigungstee trinken.

Husten

Für jeden Husten ist ein anderes Medikament notwendig. Es lohnt sich, das richtige Kraut zu finden, weil es auch hartnäckigen Husten wirksam beseitigt. Chronischer Husten ist ein Zeichen für Lungenschwäche, die sich mit Akupunktur stärken läßt.

Beinwell
(Symphytum officinale)

EIBISCH, HUFLATTICH, KÖNIGSKERZE UND BEINWELL

Diese Kräuter besänftigen trockenen Reizhusten. Süßen Sie den Tee mit Honig oder Süßholz.

THYMIAN UND WILD CHERRY

Diese Kräuter wirken beruhigend bei Hustenkrämpfen, besonders nachts. Thymian können Sie ins Bad geben oder ein paar Tropfen Thymianöl auf Ihr Kissen träufeln, das entspannt die Lungen.

INGWER, HONIG UND ZITRONE

Eine einfache, aber wirkungsvolle Arznei zur Behandlung von Husten, bei dem viel klarer Schleim abgesondert wird.

HUFLATTICH, YSOP UND ALANT

Diese Kräuter beseitigen lockeren, schleimigen Husten. Grüner Schleim weist auf eine Infektion hin. Geben Sie dann etwas Sonnenhuttinktur dazu.

ORANGENWURZEL

Dieses wunderbare Kraut fördert den Auswurf und wirkt austrocknend. Es sollte in kleineren Dosen verwendet und während der Schwangerschaft vermieden werden.

Ohrenweh

Für Ohrenweh im Anfangsstadium, bei leichten Schmerzen und niedrigem oder gar keinem Fieber sind die folgenden Kräuter sehr hilfreich. Bei starken Schmerzen mit hohem Fieber und eitrigem Ausfluß gehen Sie am besten sofort zum Arzt. Geben Sie keine Tropfen ins Ohr, wenn das Trommelfell geplatzt ist.

Sonnenhut
(Echinacea angustifolia)

Kamille
(Anthemis nobilis)

KAMILLE, HELMKRAUT, YSOP UND SONNENHUT

Trinken Sie den Tee dreimal täglich, damit die Infektion verschwindet und der Schmerz nachläßt.

KNOBLAUCH, LAVENDEL UND OLIVENÖL

Aus dieser Mischung lassen sich wunderbare Ohrentropfen herstellen. Schneiden Sie den Knoblauch in Scheiben und legen Sie ihn mit ein paar Lavendelblüten in etwas Olivenöl. Zwei Stunden ziehen lassen und abseihen. Erwärmen Sie einen TL des Öls über einer Tasse heißem Wasser. Träufeln Sie ein paar Tropfen ins Ohr und verschließen Sie es mit Watte.

Augenbeschwerden

Die folgenden Kräutertees helfen bei trockenen, geröteten und entzündeten Augen. Für eine Augenspülung müssen Sie eine Abkochung zubereiten und sterilisierte Behälter verwenden, damit sich die Infektion nicht ausbreitet.

AUGENTROST

Ein ausgezeichnetes, stärkendes Kraut, mit dem sich fast alle Augenbeschwerden heilen lassen. Es kann als Augenwaschung oder innerlich als Tee angewendet werden. Geben Sie Kamille oder Ringelblume hinzu, das beruhigt wunde Augen. Oder legen Sie einfach kalte Kamillenteebeutel als Kompresse auf die geröteten oder entzündeten Augen.

Augentrost
(Euphrasia officinalis)

CHRYSANTHEME

(*Ju Hua*, chinesische Chrysantheme)
Hilfreich bei wunden, geröteten und entzündeten Augen. Trinken Sie es als Tee, machen Sie eine Augenspülung oder eine Kompresse mit Teebeuteln. Es hilft auch bei Augenbeschwerden, die durch Kopfweh ausgelöst werden. Die Patentrezeptur *Qi Ju Di Huang Wan* enthält *Ju Hua*. Sie stärkt die Augen und gibt ihnen Glanz, besonders wenn Sie sich insgesamt matt fühlen. Sie ist auch für ältere Menschen mit chronischen Augenbeschwerden geeignet.

Kopfschmerzen und Migräne

Es gibt verschiedene Arten von Kopfschmerzen. Migräne ist sicher einer der der extremsten. Es ist wichtig, die Ursache des Kopfwehs herauszufinden. Das könnten unter anderem übermüdete Augen, Rückenprobleme, Allergien, eine Nebenhöhlenentzündung oder hormonelle Schwankungen sein. Spannung und Überarbeitung lösen ebenfalls Kopfweh aus. In diesem Fall sollten Sie öfter Ruhepausen einlegen und sich entspannen.

Bäder mit konzentriertem Kräuterölaufguß machen das Entspannen zum Vergnügen! Eine Kopf-, Nacken- oder Fußmassage mit entspannenden Ölen wie Lavendel, Pfefferminz oder Majoran lindert Muskelverspannungen und sorgt für Erleichterung. Bei Kopfweh wirken – je nach Ursache – unter anderem Kamille, Wucherblume, Lavendel, Zitronenmelisse, Majoran, Mädesüß, Pfefferminz, Rosmarin, Helmkraut, Thymian, Baldrian und Eisenkraut. Versuchen Sie jedes einzeln oder in einer Mischung. Suchen Sie sich im Kapitel über Kräuter (Seite 8–17) die für sie geeignetsten heraus.

Kräuterbäder mit konzentriertem Ölaufguß machen das Entspannen zum Vergnügen!

Passionsblume
(Passiflora incarnata)

HELMKRAUT, BALDRIAN UND PASSIONSBLUME

Verwenden Sie diese drei wirksamen Kräuter, um Schmerzen zu lindern und Streß und Spannungen abzubauen.

MÖNCHSPFEFFER UND YAMSWURZEL

Wenn die Kopfschmerzen mit dem Menstruationszyklus zusammenhängen, können Sie diese Kräuter allen hier aufgeführten beimischen. Nehmen Sie sie über mehrere Monate ein, damit das Hormongleichgewicht wiederhergestellt wird.

Wucherblume
(Tanacetum parthenium)

ZITRONENMELISSE, LAVENDEL UND MÄDESÜSS

Diese Kräutermischung hilft bei Kopfschmerzen, die durch Verdauungsstörungen bedingt sind.

Lavendel
(Lavandula officinalis)

ZITRONENMELISSE, WUCHERBLUME, MÄDESÜSS UND ROSMARIN

Trinken Sie täglich drei Tassen von diesem Kräuteraufguß, wenn Sie zu Migränc neigen. Migrane kann auch durch Nahrungsmittelallergien, niedrigen Blutzuckerspiegel, Streß, hormonelle Schwankungen und Haltungsprobleme ausgelöst werden. Gehen Sie deshalb der Ursache nach!

Heuschnupfen

Gras- und Pollenallergien verursachen große Beschwerden. Um Heuschnupfen wirksam zu vermeiden, beginnen Sie mit der Behandlung einen Monat vor Ihrer persönlichen Heuschnupfenjahreszeit. Das stärkt Ihr Immunsystem und Ihre Nase, bevor die Allergene in der Luft schwirren. Vielleicht müssen Sie auf schleimfreie Ernährung umstellen und Käse, Eier, Milch, Bananen und Erdnußbutter weglassen. Vitamin C, Zink und Knoblauch erhöhen Ihre Widerstandsfähigkeit. Auch Akupunktur trägt zur Stärkung und Reinigung Ihres Körpers bei, so daß allergische Reaktionen nicht so heftig sind.

Knoblauch
(Allium sativum)

Sonnenhut
(Echinacea angustifolia)

Kräuterarzneien lindern bei Allergikern viele unerfreuliche Begleiterscheinungen.

SONNENHUT, HOLUNDERBLÜTEN, AUGENTROST UND YSOP

Zu gleichen Teilen mischen und den Tee dreimal täglich trinken.

KAMILLE UND AUGENTROST

Stellen Sie eine Abkochung her und machen Sie damit Augenspülungen.

Holunderblüten
(Sambucus nigra)

Bi Yan Pian
Dieses chinesische Patentmedikament wirkt ausgezeichnet bei verstopften Atemwegen infolge von Heuschnupfen. Nehmen Sie es bei den ersten Anzeichen, dann entwickelt er sich nicht weiter. Am besten nehmen Sie die Pillen nach den Mahlzeiten.

Nebenhöhlen-entzündung

Eine Entzündung der Nebenhöhlen führt zu übermäßiger Schleimbildung, die zu Schmerzen über oder hinter den Augen und Dumpfheit führen kann.

Eine chronische Nebenhöhlenentzündung verschlimmert sich durch Erkältungen, Heuschnupfen und feuchtes Wetter. Schleimfreie Ernährung und ergänzende Präparate (siehe Vorschläge für Heuschnupfen, gegenüberliegende Seite) sind angezeigt. Auch mit Akupunktur läßt sich eine Nebenhöhlenentzündung wirksam behandeln. Hohes Fieber und schlimme Schmerzen sind Zeichen für eine Infektion. Suchen Sie einen Arzt auf.

SONNENHUT, AUGENTROST, HOLUNDERBLÜTE, ORANGENWURZEL UND EIBISCH

Als Tee oder Tinktur beseitigen diese Kräuter wirksam Katarrhe und beruhigen gereizte Nasenschleimhäute.

Holunder trocknet Schleim wirksam aus und bekämpft Infektionen.

Herzklopfen

Unregelmäßiges oder heftiges Herzklopfen hat verschiedene Ursachen: Allergien, Menopause, Angst, sexuelle Erregung und zuviel Kaffee und Zigaretten. Kräuterarzneien beseitigen zwar nicht die Ursache (nur durch Verhaltensänderung erreicht man das), aber sie verringern unregelmäßiges oder schnelles Herzklopfen und verhindern Herzschäden.

ZITRONENMELISSE, LINDENBLÜTE, HERZGESPANN UND PASSIONSBLUME

Dieser Aufguß hilft bei Herzklopfen mit Streß- und Angstanzeichen.

WEISSDORNBEEREN

Diese Beeren regulieren den Herzschlag, normalisieren die Herztätigkeit und stärken das kardiovaskuläre System. Geben Sie sie bei hohem Blutdruck oder Herzbeschwerden dazu.

Lindenblüten
(Tilia europaea)

Herzgespann
(Leonurus cardiaca)

VERDAUUNGS-SYSTEM

Essen sollte eines der größten Vergnügen im Leben sein. Verdauungsprobleme lösen Unwohlsein aus, das sich dann auf alle Lebensbereiche überträgt. Am besten hören Sie auf den Körper und tun etwas gegen Verdauungsbeschwerden, sobald sich die Symptome bemerkbar machen. Damit vermeiden Sie schlimmere Verdauungsbeschwerden, die oft schmerzhaft und schwierig zu heilen sind und den Körper schwächen. Wir empfehlen Kräuter für das eher chronische Reizkolon, obwohl dieses professionell behandelt werden sollte.

Gesunde Ernährung und regelmäßige Mahlzeiten sind bei allen Verdauungsbeschwerden ein ganz wichtiger Teil der Behandlung. Gute Verdauung stellt sich bei entspannten, ungestörten Mahlzeiten ein. Nehmen Sie sich auch etwas Zeit, um das Essen zu genießen.

Magenverstimmung/ Sodbrennen

Magenverstimmungen, Blähungen und Übersäuerung können Folge einer zu reichhaltigen, fetten oder gewürzten Ernährung sein, ebenso zuviel Tee, Kaffee oder Alkohol und Zigaretten. Streß, Spannung und hastiges Essen wirken sich ebenfalls negativ auf die Verdauung aus. Wenn Sie bereits gesund, regelmäßig und in Ruhe essen und sich immer noch unwohl fühlen, probieren Sie die folgenden Kräuterarzneien aus.

Mädesüß *(Filipendula ulmaria)*

Fenchel *(Foeniculum vulgare)*

KARDAMOM, PFEFFERMINZ UND FENCHEL

Nehmen Sie diese Kräuter nach dem Essen, das regt die Verdauung an, beruhigt den Magen und beseitigt auch Blähungen und Völlegefühl. Vielleicht reicht man deshalb traditionell Pfefferminzplätzchen oder indischen Kardamomtee nach dem Essen.

ROTULME

Kann als Tablette oder Pulver eingenommen werden und beruhigt die Magenschleimhaut. Lösen Sie das Pulver in heißem Wasser auf und süßen Sie es mit Honig. Es schmeckt eigenartig und besitzt eine ungewöhnliche Konsistenz, lindert aber Übersäuerung und damit einhergehende Schmerzen und kräftigt das Verdauungssystem.

MÄDESÜSS, BEINWELL UND EIBISCH

Diese Kräuter – als Mischung oder einzeln genommen – heilen empfindliche Magenschleimhaut.

KAMILLE, ROSMARIN UND ZITRONENMELISSE

Diese entspannenden Kräuter fördern die Verdauung und sind besonders hilfreich bei nervösen Magenbeschwerden.

Übelkeit

Übelkeit hat viele Ursachen, und die müssen Sie erst herausfinden!

INGWER, KAMILLE, FENCHEL UND PFEFFERMINZ

Zur Magenberuhigung trinken Sie diese Kräutertees langsam in kleinen Schlucken. Diese milden und unbedenklichen Kräuter können auch Kindern bei Reisekrankheit und Unwohlsein und Schwangeren bei morgendlicher Übelkeit verabreicht werden. Probieren Sie Pfefferminz- oder Ingwerplätzchen als süßes Zwischendurch.

TANGERINENSCHALE *(Chen Pi)*

Dieses duftende chinesische Kraut läßt sich bei den verschiedensten Verdauungsstörungen einsetzen und lindert Übelkeit sowie Völlegefühl. Es stärkt die Verdauung und unterstützt den Nahrungstransport in den Darm. Trinken Sie es als Tee oder Tinktur in warmem Wasser nach den Mahlzeiten. Im Westen gibt man an Sahnetorten interessanterweise die Schale von Zitrusfrüchten, vielleicht zur leichteren Verdauung!

ZITRONENMELISSE, HOPFEN UND PASSIONSBLUME

Diese Kräuter beruhigen den Magen und helfen bei nervösen Spannungszuständen. Meistens nimmt man sie zusammen mit einigen hier aufgeführten Kräutern als Tee oder Tinktur zu sich.

Unterleibsschmerzen und Völlegefühl

Unterleibsschmerzen und Völlegefühl können vielerlei Verdauungsstörungen anzeigen. Wichtig ist die Ursache: von schwacher, nervöser Verdauung, Nahrungsmittelallergien oder schlechten Eßgewohnheiten bis hin zu Magengeschwüren, Gallensteinen oder Reizkolon.

Reagiert jemand empfindlich auf Essen, verschlimmern manche Kräuter die Beschwerden eventuell. Nehmen Sie anfangs nur kleine Mengen. Tägliche Unterleibsmassage im Uhrzeigersinn von der Mitte nach außen kann helfen. Es gibt auch viele verdauungsfördernde Ernährungszusätze.

YAMSWURZEL, PFEFFERMINZ, INGWER, ZIMT, FENCHEL, ZITRONENMELISSE UND KAMILLE

Diese Kräuter beseitigen Blähungen und lindern Völlegefühl. Trinken Sie jeweils eine Tasse Kräutertee nach dem Essen oder ein paar Tropfen der Tinktur in warmem Wasser aufgelöst.

Ingwer
(Zingiber officinale)

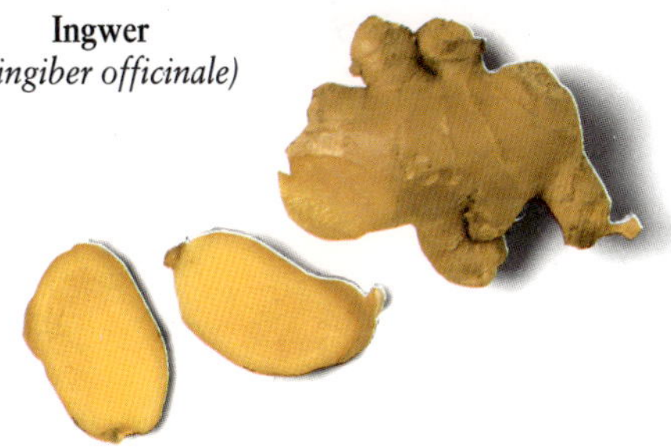

Kümmel

Cayenne

Kardamom

CAYENNEPFEFFER, INGWER, KARDAMOM UND KÜMMEL

Geben Sie diese wärmenden Gewürze ins Essen, es sei denn, Sie leiden an einem Magengewürz oder Reizkolon.

Yiang Sha Liu Jun Wan
Diese chinesische Patentrezeptur enthält verdauungsfördernde Kräuter, die Schmerz und Blähungen lindern. Sie ist auch bei Appetitlosigkeit, Völlegefühl nach kleinen Mahlzeiten sowie bei Aufstoßen und manchmal Übelkeit und Durchfall angezeigt. Nicht über einen längeren Zeitraum nehmen, wenn Sie viel Durst, einen gereizten Magen oder Verstopfung haben, denn sie wirkt möglicherweise zu wärmend.

Verstopfung

Verstopfung ist keine Krankheit, sondern Symptom anderer Beschwerden. Zu einer guten Ernährung sollte faserreiche Kost gehören: viel Obst und Gemüse, Vollkornbrot, Getreide, Nüsse und Samen. Lassen Sie raffinierte Nahrungsmittel wie weißes Brot, Kuchen und Süßigkeiten weg. Milchprodukte, besonders Hartkäse, können auch stopfend wirken. Streß und Spannung beeinflussen die Verdauung, und man hält vielleicht psychologisch und körperlich an Dingen fest. Entspannungskurse oder eine Unterbrechung des Alltagstrotts wären eine gute Lösung.

Beachten Sie, daß die Einnahme von Medikamenten Verstopfung zur Folge haben kann. Laxativa, über einen längeren Zeitraum eingenommen, schaden der Verdauung, da sie die Peristaltik nicht anregen und das Essen »durchgeschleust« wird, ohne daß die Darmwände die Nährstoffe aufnehmen. Wie bei den meisten Verdauungsbeschwerden sind auch hier regelmäßiges Essen und viel Flüssigkeitszufuhr wichtig. Sportliche Betätigung, auch Spazierengehen, hält den Körper in Schwung.

WASSER UND ZITRONENSAFT

Probieren Sie morgens, eine halbe Stunde bevor Sie irgend etwas essen, diese einfache Mischung.

PSYLLIUM-SAMEN UND LEINSAMEN

Geben Sie ein bis zwei Teelöffel davon in eine Tasse heißes Wasser. Lassen Sie sie zwei Stunden einweichen und süßen Sie mit Zitrone und Honig. Sie können die Samen auch über Haferflocken zum Frühstück streuen. Leinsamen sind reich an Ölen, die Haar und Haut geschmeidig machen. Sie dienen also außerdem noch der Schönheit!

Süßholz
(Glycyrrhiza glabra)

RHABARBERWURZEL

In kleinen Mengen stärkt sie den Darm und wirkt appetitfördernd. Große Dosen wirken abführend und sollten nur im Bedarfsfall eingenommen werden. Hinweis: Rhabarberwurzel ist nicht dasselbe wie Gartenrhabarber und färbt den Urin gelb oder rot. Vorsicht in der Schwangerschaft, nur in kleinen Mengen einnehmen.

Löwenzahnwurzel
(Taraxacum officinale)

SÜSSHOLZ, INGWER, LÖWENZAHNWURZEL, AMPFERWURZEL UND GROSSE KLETTE

Wenn die Verstopfung nicht auf veränderte Ernährung und die obigen Vorschläge anspricht, probieren Sie diese Kräutermischung aus. Bei starken Blähungen und Koliken nehmen Sie statt Ingwer Fenchel.

Durchfall

Durchfall ist möglicherweise Folge einer akuten Mageninfektion oder hält längere Zeit an, wenn das Verdauungssystem geschwächt ist. Auch Streß, Angst und neue Situationen können Durchfall verursachen. Meistens ist es das beste, Vollwertkost zu essen, Alkohol, Kaffee, Milchprodukte und zu scharfe oder fettige Speisen zu meiden. Noch besser ist es, in akuten Fällen 24 Stunden lang nichts zu essen und nur viel Flüssigkeit und Tee zu trinken. Bei schwerem oder hartnäckigem Durchfall brauchen Sie ärztliche Hilfe, besonders bei Kindern. Bei starkem Durchfall müssen Sie dem Körper eventuell Mineralien zuführen. Die Einnahme von »Dioralyte« ersetzt verlorene Mineralsalze und verhindert Austrocknung. Oder Sie lösen etwas Backpulver und Zucker in Wasser.

MÄDESÜSS

Trinken Sie es regelmäßig als Tee oder Tinktur. Es beruhigt den Magen und stoppt den Durchfall. Es ist ungefährlich und daher auch für Kinder geeignet.

KAMILLE UND ZITRONENMELISSE

Diese Kräuter erleichtern die Entspannung. Mit Mädesüß gemischt lindern sie angstbedingten nervösen Durchfall.

Si Jun Zi Tang
(»Vier-Herren-Abkochung«)
Diese milde chinesische Rezeptur, als Abkochung, Tinktur oder Pulver eingenommen, stärkt die Verdauung und ganz allgemein die Energie. Am besten wirkt die Rezeptur, wenn sie über einen längeren Zeitraum hinweg eingenommen wird.

GAGEL, KLEINER ODERMENNIG UND BEINWELLWURZEL

Diese wirksame Mischung stoppt Durchfall bei Erwachsenen. Geben Sie Ingwerwurzel und Kamille dazu, das mildert Bauchschmerzen. Zusammen mit Eibisch lindern Sie die Symptome von Übersäuerung und Entzündungen.

SALBEI

Trinken Sie Salbeitee nach einer leichten Mahlzeit. Das regt die Verdauung an und reduziert Durchfall.

Reizkolon

Diese häufigen Beschwerden haben bei jedem verschiedene Ursachen. Oft wechseln Durchfall mit Verstopfung, Blähungen und Unwohlsein ab. Es kann Folge von Streß oder schlechten Eßgewohnheiten sein oder durch allergische Reaktionen auf bestimmte Nahrungsmittel ausgelöst werden. Diese Speisenunverträglichkeiten sind bei jedem Menschen anders, aber häufig sind es Tee, Kaffee, Weizen und Milchprodukte. Oft sind Nahrungsmittelallergien nur schwer erkennbar. Noch schwieriger ist es, sie zu umgehen, besonders wenn es sich um Grundnahrungsmittel wie Weizen handelt.

Am besten lassen Sie jeweils ein Nahrungsmittel 10 Tage lang weg. Essen Sie dann allmählich wieder mehr davon und achten Sie auch auf Ihre Reaktion. Fragen Sie einen Ernährungsfachmann, besonders bei schweren Allergien.

ROTULME

Hervorragend geeignet bei den meisten Verdauungsproblemen, weil sie besänftigt und nährt. Dreimal täglich eine Schleimsuppe aus 1 TL pro Tasse heißes Wasser zubereiten und mit Honig süßen.

YAMSWURZEL, KAMILLE, PFEFFERMINZ, KLEINER ODERMENNIG, EIBISCH UND ORANGENWURZEL

Trinken Sie 3–6mal pro Tag eine Tasse Kräutertee, das beruhigt den Darm und wirkt entzündungshemmend. Geben Sie die Orangenwurzel als Tinktur hinzu, denn das Pulver schmeckt unangenehm. Nehmen Sie in der Schwangerschaft keine Orangenwurzel, denn sie regt die Gebärmuttermuskulatur an.

LINDENBLÜTE, HELMKRAUT UND HOPFEN

Fügen Sie bei streßbedingtem Reizkolon eines oder mehrere Kräuter der obigen Mischung bei. Lassen Sie Hopfen weg, wenn Sie unter Depressionen leiden.

Fortpflanzungs- und Harnwegsystem

Im Leben der meisten Frauen gibt es Veränderungen im Fortpflanzungssystem. Der Einsatz der Menstruation, Schwangerschaft, Geburt und Menopause haben großen Einfluß auf ihre Gefühle hinsichtlich Sexualität und Wachstum. Sie zeigen wichtige Veränderungszyklen an.

In diesem Kapitel geht es um Kräuter, die den Frauen den Umgang mit diesen Veränderungen erleichtern. Einige davon sind außerdem bei Blasenentzündung angezeigt. Diese hat zwar nicht unmittelbar mit dem Fortpflanzungssystem zu tun, tritt aber bei Frauen häufig auf.

Prämenstruelles Syndrom

Das Prämenstruelle Syndrom (PMS) wird heute weitgehend anerkannt, und man ist sich darin einig, daß Hormone emotionale Zustände beeinflussen können. Die Symptome und die Dauer des PMS sind bei jeder Frau verschieden. Zu den Symptomen gehören emotionale Unausgeglichenheit, Wasseransammlungen, schmerzende Brüste, Kopfweh, Übelkeit und Hautveränderungen (siehe entsprechende Kapitel auf Seite 33 und 46).

Zusätzliche Gaben von Nachtkerzenöl, Magnesium, Kalzium und Vitamin B können hilfreich sein. Akupunkturbehandlung über mehrere Monate hinweg wirkt auch sehr entspannend.

Xiao Yao San
Diese chinesische Patentrezeptur lindert die allgemeinen PMS-Syndrome, besonders Verdauungsprobleme in der Woche vor der Periode. Bei Schwäche und Müdigkeit nehmen Sie »Unentbehrliche Frauen-Pillen« (siehe Seite 17), wenn die Blutungen aufgehört haben, und zwar bis eine Woche vor der nächsten Periode. Dann nehmen Sie wieder Xiao Yao San. Nehmen Sie diese beiden Patentrezepturen drei Monate lang zur Regulierung des Menstruationszyklus ein.

MÖNCHSPFEFFER

Dieses Kraut stabilisiert die Hormone. Mischen Sie es mit anderen und bereiten Sie eine Abkochung zu, die Sie dreimal täglich drei Monate lang trinken. Entsprechende Tinkturen und Pillen sind einfacher in der Anwendung. Wichtig ist, dieses Kraut täglich einzunehmen.

Löwenzahn
(Taraxacum officinale)

HERZGESPANN, HELMKRAUT UND PASSIONSBLUME

Diese Kräuter lindern Streß- und Angstzustände. Bei Muskelverspannungen im Nacken- und Schulterbereich bereiten Sie eine Abkochung aus Baldrianwurzel zu oder geben Sie sie als Tinktur hinzu. Nehmen Sie dieses Kraut nicht über einen längeren Zeitraum ein.

Petersilie
(Petroselinum crispum)

LÖWENZAHNBLÄTTER UND PETERSILIE

Diese Kräuter wirken harntreibend bei Wasseransammlungen. Bereiten Sie aus der Mischung einen Aufguß zu, den Sie bei Bedarf trinken.

Dysmenorrhö

Schmerzhafte Periode ist ein häufiges Leiden. Der Schmerz ist oft störend, läßt sich aber durch Kräuter auf natürliche Weise lindern. Schmerzen zu Beginn der Blutungen sind oft durch verminderten Blutfluß durch Gebärmutterkrämpfe verursacht. Schmerzen während der Periode gehen eher auf Blutandrang in der Gebärmutter zurück. Bei sehr lästigen Schmerzen, starken Blutungen oder Anzeichen für Infektion in der Zyklusmitte (d. h. bei Schmerzen, Fieber oder übelriechendem Ausfluß) sollten Sie sofort einen Arzt aufsuchen und einen erfahrenen Kräuterspezialisten um Rat fragen.

MÖNCHSPFEFFER, HELONIASWURZEL, HERZGESPANN UND REBHUHNBEERE

Diese Kräuter bringen die Hormone ins Gleichgewicht und stärken die Gebärmutter. Die Teemischung dreimal täglich sechs Wochen lang trinken.

Ringelblume
(Calendula officinalis)

YAMSWURZEL, SCHNEEBALL, KÜCHENSCHELLE, RINGELBLUME UND HIMBEERBLÄTTER

Diese Kräutermischung bei Menstruationsschmerzen dreimal täglich bei Bedarf trinken.

HIMBEERBLÄTTER, RINGELBLUME, BRENNESSEL UND HIRTENTÄSCHEL

Bei starken Blutungen oder Zwischenblutungen gießen Sie eine Tasse heißes Wasser über ein bis zwei Teelöffel getrocknete Kräuter. 10 Minuten ziehen lassen und alle zwei bis drei Stunden kurz vor und während der Periode trinken.

INGWER, ZIMT UND NELKEN

Schmerzen werden auch durch Kälte ausgelöst, und diese scharfen Kräuter erwärmen die Gebärmutter, so daß das Blut leichter fließt. Geben Sie sie in Tee oder, noch besser, bereiten Sie einen Glühwein zu.

Amenorrhö

Amenorrhö bedeutet, daß die Menstruation ausbleibt. Das kann durch körperliche Erschöpfung, Streß und Angstzustände, Gewichtsverlust aus irgendeinem Grund, hormonale Dysfunktion oder durch Absetzen der Pille verursacht sein (der Körper braucht dann einige Zeit, um seinen natürlichen Rhythmus wiederzufinden). Es kann aber auch andere Ursachen haben, und deshalb müssen Sie vor der Einnahme dieser Kräuter, die in der Schwangerschaft schädlich wirken können, unbedingt mit Ihrem Arzt sprechen und abklären, daß Sie gesund und nicht schwanger sind.

POLEIMINZE UND RAINFARN

Zur Behandlung regelmäßiger Periode mit gelegentlichen verzögerten Blutungen bereiten Sie einen Aufguß und trinken ihn dreimal täglich, bis die Periode einsetzt.

MÖNCHSPFEFFER, HELONIASWURZEL, STENGELBLATT, RAUTE UND HERZGESPANN

Diese Kräuter regulieren die Hormonaktivität, stärken die Gebärmutter und lösen verspätete oder unterdrückte Menstruation aus. Bereiten Sie eine Abkochung zu, und trinken Sie sie dreimal täglich.

DANG GUI BU XUE TANG

Nehmen Sie diese chinesische blutnährende Patentarznei mehrere Monate lang bei Anämie, Blässe und Ermüdungserscheinungen bei schwacher oder ausbleibender Blutung ein.

Poleiminze
(Mentha pulegium)

SÜSSHOLZ, SILBERKERZE, MÖNCHSPFEFFER UND HERZGESPANN

Wenn Sie empfängsnisverhütende Mittel absetzen, unterstützen diese Kräuter die Nebennieren, stärken die Gebärmutter und normalisieren die Hormonfunktion. Nach Absetzen der Pille trinken Sie eine Abkochung dreimal täglich in der ersten Woche, zweimal in der zweiten und einmal täglich in der dritten Woche.

Raute
(Ruta graveolens)

Unfruchtbarkeit

Empfängnisprobleme nehmen zu, und es lohnt sich, es mit Akupunktur, Homöopathie und Kräuter- und Ernährungstherapien zu versuchen. Zeigen diese Kräuter nach mehreren Monaten keine positive Wirkung, sollten Sie einen erfahrenen Heilkundigen um Rat fragen.

Essigrose
(Rosa gallica)

DAMIANA, SÄGEPALME, SELLERIESAMEN, HAFER, SÜSSHOLZ UND INGWER

Diese Kräuter erhöhen die Anzahl der Spermien und stärken das männliche Fortpflanzungssystem. Sie sollten sich auch richtig ernähren und Alkohol, Zigaretten, Koffein, enganliegende Kleidung und heiße Bäder vermeiden.

HELONIASWURZEL, ROSE, BRENNESSEL UND RINGELBLUME

Diese Kräuter gleichen die Hormone aus und nähren Blut und Gebärmutter. Nehmen Sie sie mehrere Monate lang ein und befolgen Sie den obigen Rat. Vitamin B, Gelée Royale, Floradix, Seetang und Nachtkerzenöl sind auch hilfreich, je nach Ihrem Gesundheitszustand.

Ringelblume
(Calendula officinalis)

Brennessel
(Urtica dioica)

Eisenkraut
(Verbena officinalis)

BRENNESSEL, HELMKRAUT, EISENKRAUT, LÖWENZAHNWURZEL UND GELBHOLZ

Bei Schlappheit und Streß geben Sie diese Kräutermischung hinzu, um die Wirkungen der oben erwähnten Rezeptur zu verstärken.

Schwangerschaft, Geburt und danach

Kräuterbehandlung bei Schwangerschaft, Geburt und der Zeit danach wird schon seit jeher mit Erfolg betrieben. Seit Jahrhunderten verwenden Hebammen Kräuter, um den Frauen während der Schwangerschaft, der Geburt und der Zeit danach zu helfen. Viele der in diesem Kapitel erwähnten Kräuter für Frauenheilkunde und die Erleichterung des Geburtsvorganges stammen von verschiedenen amerikanischen Indianerstämmen. Rebhuhnbeere, Silberkerze, Stengelblatt und Heloniaswurzel sind eine wertvolle Ergänzung zu europäischen Arzneien. Die Einnahme von Medikamenten in der Schwangerschaft sollte zwar vermieden werden, aber einige Kräuter können große Dienste leisten.

KRÄUTER, DIE SIE IN DER SCHWANGERSCHAFT MEIDEN SOLLTEN:

Einige Kräuter wirken auf die Gebärmutter anregend und können eine Fehlgeburt auslösen. Die gebräuchlichsten sind Aloe, Herbstkrokus, Berberitze, Orangenwurzel, Wacholder, Wurmfarn, Alraune, Poleiminze, Kermesbeere, Rhabarber, Raute, Salbei, Eberraute, Rainfarn, Thuja und Wermut.

KAMILLE, ZITRONENMELISSE UND MÄDESÜSS

Als Mischung oder einzeln angewendet, beruhigen sie den Magen bei morgendlicher Übelkeit. Bei Bedarf als Aufguß trinken.

PFEFFERMINZ, FENCHEL, INGWER UND ZIMT

Diese Kräuter wirken auf die Verdauung erwärmend und beruhigen auch den Magen bei morgendlicher Übelkeit. Nehmen Sie Pfefferminze oder Fenchel allein oder mischen Sie eines dieser Kräuter mit einem anderen Tee. Geben Sie beispielsweise zwei Scheiben Ingwerwurzel in eine Kanne Süßholztee.

HIMBEERBLÄTTER UND REBHUHNBEERE

Diese Kräuter stärken die Gebärmutter und bereiten auf die Geburt vor. Nehmen Sie einen Teelöffel pro Kraut oder mischen Sie einen halben Teelöffel beider Kräuter pro Tasse. Diesen Aufguß trinken Sie in den letzten drei Schwangerschaftsmonaten einmal oder zweimal täglich.

SILBERKERZE,STENGELBLATT UND ORANGENWURZEL

Diese Kräuter stärken schwache Wehenkontraktionen. Nehmen Sie eine Mischung mit etwas Ingwer.

STAMMBLATT, YAMSWURZEL, SCHNEEBALL, HIMBEERBLÄTTER UND REBHUHNBEERE

Bei kurzen heftigen Wehenkontraktionen mit Spannung und Schmerzen und einem harten Gebärmutterhals nehmen Sie diese Kräuter als Tee oder Tinktur zu sich.

Nu Ke Ba Zhen Wan
(»Unentbehrliche Frauen-Pillen«)
Nehmen Sie dreimal täglich fünf Tabletten zur Wiederbelebung und Kräftigung nach der Geburt.

BEINWELL, RINGELBLUME UND JOHANNISKRAUT

Nehmen Sie einen Teelöffel auf 500 Milliliter Wasser für ein beruhigendes heilendes Bad nach der Geburt.

Fenchel
(Foeniculum vulgare)

BRENNESSEL, FENCHEL, EISENKRAUT, BORETSCH, HIMBEERBLÄTTER ODER EIBISCH

Nehmen Sie jedes Kraut einzeln oder gemischt zur Anregung des Milchflusses. Trinken Sie dreimal täglich eine Tasse.

CHINESISCHE ANGELIKA UND TRAGANT

Diese Kräutermischung kräftigt das Blut und stärkt das Qi (die Lebenskraft). Das ist besonders wichtig bei langen, schwierigen Wehen oder hohem Blutverlust. Traditionell kochte man das Dang Gui mit einem Huhn und verwendete Fleisch und Brühe zur Stärkung der jungen Mutter. Die Kräuter gibt es auch als Patentrezeptur Dang Gui Bu Xue Tang.

SALBEN AUS BEINWELL, VOGELMIERE ODER RINGELBLUME

In die wunden, aufgesprungenen Brustwarzen einreiben.

Beschwerden in der Menopause

Die Menopause ist eine wichtige Zeit der Veränderungen und Übergänge. Sie setzt allmählich oder ganz plötzlich ein. Meistens muß man sich auch im Gefühlsbereich umstellen. Man ist mit dem Älterwerden, wenn die Kinder aus dem Haus gehen, und beruflichen Entscheidungen konfrontiert. Körperlich verändert sich der Hormonspiegel der Hirnanhangdrüse und der Eierstöcke, da kein Eisprung mehr stattfindet. Oft genannte Beschwerden sind Hitzewallungen, Herzklopfen, Reizbarkeit, Depressionen, Schlaflosigkeit, Gelenkschmerzen und allgemeine Schwächezustände. Bei schlimmeren Beschwerden oder übermäßigen Blutungen ist ärztlicher Rat notwendig. Behandlung der körperlichen Beschwerden und emotionale Unterstützung durch erfahrene Naturheilkundige oder einen Therapeuten sind sicher sinnvoll.

SALBEI UND BLÄTTER DER SCHWARZEN JOHANNISBEERE

Ein Tee aus diesen Kräutern verringert die Hitzewallungen.

HELMKRAUT, EISENKRAUT UND LINDENBLÜTE

Verwenden Sie diese milde Kräutermischung zur Linderung von Nervosität, Angst, Depressionen und Stimmungsschwankungen. Je nach den Symptomen können sie anderen Kräutermischungen beigegeben werden.

Salbei
(Salvia officinalis)

Durch Erleichterung der körperlichen Beschwerden während der Menopause kan eine ältere Frau mit den anderen Veränderungen in ihrem Leben zurechtkommen.

MÖNCHSPFEFFER, HELONIASWURZEL, YAMSWURZEL, JOHANNISKRAUT, CHINESISCHE ANGELIKA UND HERZGESPANN

Diese Kräutermischung schafft ein neues Hormongleichgewicht. Bereiten Sie eine Abkochung zu und trinken Sie sie dreimal täglich drei Monate lang.

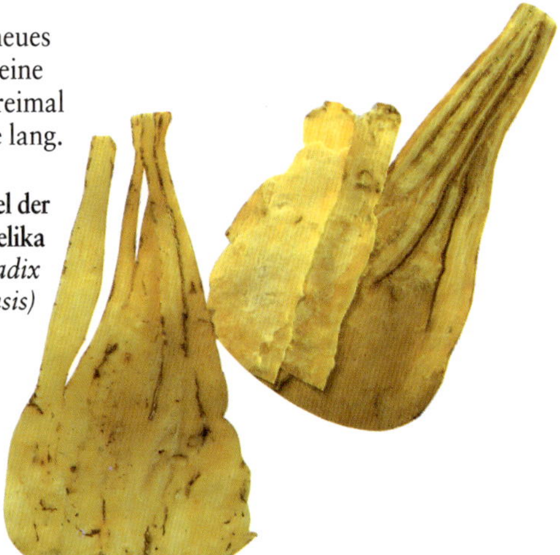

Wurzel der Chinesischen Angelika
(Radix angelica sinensis)

Blasenentzündung

Diese Harnwegsinfektion kann durch eine Blasen- und/oder Harnröhrenentzündung verursacht werden. Symptome sind dringendes und häufiges schmerzhaftes oder brennendes Harnlassen.

Lösen Sie einen Teelöffel Backpulver in reichlich Wasser auf, und trinken Sie diese Mischung zweimal täglich, es sei denn, Sie haben Herzbeschwerden.

Vermeiden Sie Kaffee, Tee, Alkohol, scharfe Speisen, Zitrusfrüchte und Zigaretten. Bei Fieber, Rückenschmerzen in der Lendengegend, blutigem oder trübem Urin müssen Sie sich ärztlich behandeln lassen, da die Gefahr einer Nierenentzündung besteht. Wenn Sie immer wieder Blasenentzündungen bekommen, brauchen Sie ebenfalls die Hilfe eines Fachmanns.

GERSTENWASSER

Köcheln Sie 100 g gewaschene Gerste in 500 ml Wasser weich. Seihen Sie das Ganze ab und fügen Sie Honig und Zitrone hinzu. Bei Bedarf trinken.

BUKKOSTRAUCH, MAIS, QUECKE UND EIBISCHBLÄTTER

Aus diesen Kräutern einen Aufguß bereiten und alle zwei Stunden eine Tasse trinken.

Eibisch
(Althaea officinalis)

Reizstoffhaltige Getränke wie Kaffee verstärken die Schmerzen und die Blasenentzündung.

Kamille
(Anthemis nobilis)

Der ganze Körper und die Haut

In diesem Kapitel geht es um Beschwerden, die den ganzen Körper betreffen können. Zur wirksamen Behandlung muß er zu ausgewogener Gesundheit zurückfinden. Eine der Hauptursachen von Rheuma und Arthritis ist die Ansammlung von Giftstoffen oder Abfallprodukten in den Gelenken. Auch wenn nur ein oder zwei Gelenke weh tun, sollte man den ganzen Körper überprüfen, um ein Heilmittel zu finden.

Erschöpfung, Müdigkeit und Muskelschmerzen können auch Folge davon sein, daß sich im Körper immer mehr Giftstoffe ansammeln und er empfindlich auf Speisen, Verschmutzung und Streß reagiert. Myalgische Enzephalomyelitis (ME), chronische Müdigkeit nach einer Viruserkrankung und chronische Epstein-Barr-Virus-Erkrankung gehen mit großer Erschöpfung einher. Ihre Ursachen sind unklar, aber ergänzende Medizin kann Erleichterung bringen und neue Hoffnung wecken.

Arthritis und Rheuma

Die Begleiterscheinungen dieser Krankheiten sind unter anderem heiße, geschwollene schmerzende Gelenke, die die Bewegungen erschweren. Sie sollten mit einer guten osteopathischen Behandlung die Ausrichtung von Knochen und Muskeln überprüfen lassen.

Nahrungsmittelallergien können zu Ansammlung von Giftstoffen in den Gelenken führen. Saure Reaktionen werden durch rotes Fleisch, Eier, Milchprodukte, Essig, Eingelegtes, raffinierten Zucker und viele Gewürze ausgelöst. Speisen mit viel Oxalsäure, wie Rhabarber, Stachelbeeren und rote Johannisbeeren, sollten Sie vermeiden. Auch Kaffee, schwarzer Tee, Alkohol, Zucker und Salz tragen zur Ansammlung von Giftstoffen bei und behindern den Reinigungsprozeß. Essen Sie statt dessen viel Vollkorn und Gemüse (außer Tomaten). Trinken Sie mindestens 1,8 Liter Flüssigkeit täglich, damit Ihr Körper durchgespült wird. Nehmen Sie Lebertran, Nachtkerzenöl, Seetang und Selen zum Knochen- und Knorpelaufbau.

Unser Körper wird auch von unserer seelischen Verfassung beeinflußt. Bei Streß und Spannung werden Muskeln und Gelenke nicht mehr im erforderlichen Maß bewegt und durchblutet. Yoga, Tai Chi und alle anderen sanften Aktivitäten erhöhen die Beweglichkeit und lindern Steifheit. Auch Akupunktur kann Schmerzen und Steifheit sehr wirksam beseitigen. Suchen Sie wie sonst auch bei heftigen Schmerzen und Beschwerden bitte einen Arzt auf.

Selleriesamen, Klette, Mädesüss und Schafgarbe

Diese Kräuter reinigen den Körper. Trinken Sie diesen Tee über einen längeren Zeitraum hinweg.

Silberkerze und Stengelblatt

Diese fügen Sie dem Tee bei Symptomen der Postmenopause bei, das bringt die Hormone wieder ins Gleichgewicht.

Ampfer und Süssholz

Verstopfung erhöht die Bildung von Giftstoffen. Regelmäßige Darmbewegung ist daher wichtig. Bei Beschwerden geben Sie diese Kräuter zu Selleriesamen, Klette, Mädesüß und Schafgarbentee.

Ampferwurzel und Süßholz

PISCIDIA-RINDE, PASSIONSBLUME UND BALDRIAN

Diese Kräuter helfen, wenn man vor Schmerzen nicht schlafen kann. Trinken Sie diesen Tee oder die Tinktur eine halbe Stunde vor dem Schlafengehen. Es kann bedenkenlos in etwas stärkerer Dosis als normal verwendet werden. Vermeiden Sie Langzeiteinnahme von Baldrian.

Baldrian
(Valeriana officinalis)

BRENNESSEL, WEISSDORN UND GELBHOLZ

Geben Sie diese durchblutungsfördernden Kräuter zu anderen Kräutern oder verwenden Sie sie einzeln, wenn Schmerz und Steifheit abgeklungen sind.

Weißdornbeeren *(Crataegus oxyacanthoides)*

Passionsblume
(Passiflora incarnata)

Pfefferminze
(Mentha piperata)

JOHANNISKRAUT-, PFEFFERMINZ- UND LAVENDEL-ÖLE

Massieren Sie schmerzhafte Gelenke mit diesen Ölen, das wirkt durchblutungsfördernd und schmerzlindernd.

Lavendel
(Lavandula officinalis)

KOHL- UND BEINWELLBLÄTTER

Umwickeln Sie heiße, geschwollene, schmerzende Gelenke mit diesen Blättern, das verringert die Schwellung und den Schmerz.

Chronische Müdigkeit und Erschöpfung

Chronische Müdigkeit kann unterschiedliche Ursachen haben, die Sie vor der Behandlung herausfinden müssen. Eine Untersuchung beim Arzt inklusive Bluttests ist besonders bei starker Erschöpfung notwendig. Überlegen Sie auch, daß Überarbeitung und emotionaler Streß die Ursachen sein können. Vielleicht müssen Sie einmal den längst fälligen Urlaub antreten. Depressionen und Erschöpfung bedingen sich manchmal gegenseitig, und es läßt sich schwer sagen, was der Auslöser war. Versuchen Sie, alle langfristigen stressigen Situationen zu klären (siehe Kapitel über Gefühle, Seite 52–55). Bei plötzlicher Müdigkeit tagsüber könnte niedriger Blutdruck oder Nahrungsmittelallergie die Ursache sein. Gesund und regelmäßig zu essen und übermäßigen Genuß von Kaffee, Alkohol und Zucker zu vermeiden fällt zwar anfangs schwer, aber langfristig lohnt es sich. Tun Sie etwas gegen Schlafprobleme, damit Sie erholt und erfrischt aufwachen (siehe Schlaflosigkeit, Seite 54).

Mit regelmäßiger sportlicher Betätigung halten Sie sich fit. Viele Menschen, besonders die, die eine sitzende Tätigkeit ausüben, empfinden Sport als sehr belebend. Wenn Sie Sport aber noch mehr erschöpft, hören Sie besser damit auf. Die Symptome von ME, chronischer Müdigkeit und Epstein-Barr-Virus-Erkrankung sind bei jedem Menschen anders, verschlechtern sich aber meistens durch Sport und fehlende Ruhe. Diese akute Phase kann wie Schnupfen verlaufen, der sich dann zu einem Schwächezustand mit Erschöpfung, Muskelschmerzen, schlechtem Gedächtnis und Konzentrationsmangel, Halsweh, Schwindel und Verdauungsbeschwerden ausweitet.

Wenn Sie bereits Medikamente einnehmen, klären Sie ab, ob Müdigkeit zu den Nebenwirkungen gehört. Sie müssen dann eventuell die Dosierung oder das Medikament ändern, aber erst nach Rücksprache mit Ihrem Arzt.

Klettenlabkraut
(Galium aparine)

Sonnenhut
(Echinacea angustifolia)

SONNENHUT, AMPFERWURZEL, KLETTENLABKRAUT, RINGELBLUME UND SÜSSHOLZ

Diese Kräuter reinigen den Körper und kräftigen das Immunsystem. Sie sind angezeigt, wenn Müdigkeit Folge von mangelhafter Ernährung, zuviel Alkohol und Koffein, Rauchen, hartnäckigen Infektionen, ME oder Pilzinfektionen ist. Man nimmt sie als Tee oder Tinktur mehrere Monate bei Bedarf ein.

Ein beruhigendes Kräuterbad sorgt für erholsamen Schlaf.

Ringelblume
(Calendula officinalis)

Ginseng
(Radix ginseng)

GINSENG

Dieses chinesische Kraut ist für seine stärkende Eigenschaften bekannt. Es hilft bei allen Schwächezuständen und kann in dreimonatigen Zeiträumen eingenommen werden. Vermeiden Sie es in der Schwangerschaft oder bei hohem Blutdruck. Nur bei Schwächezuständen anwenden. Es ist ungeeignet, wenn Sie sich wohl fühlen.

Regelmäßige sportliche Betätigung ist belebend, baut Streß und Spannung ab und fördert die Durchblutung in allen Körperteilen.

Si Jun Zi Tang
(»Vier-Herren-Abkochung«)
Diese chinesische Kräuterrezeptur wirkt aufbauend nach einer schwächenden Krankheit. Trinken Sie die Abkochung über einen längeren Zeitraum hinweg.

HAFER, EISENKRAUT UND LÖWENZAHN

Diese Kräuter unterstützen das Nervensystem und reinigen die Leber. Sie wirken unterstützend bei Streß und Überarbeitung.

Löwenzahn
(Taraxacum officinale)

Eisenkraut
(Verbena officinalis)

Yu Ping Feng San
(»Jade-Windschutz-Pulver«)
Diese chinesische Kräuterrezeptur enthält Tragant *(Huang Qi)*, das bei chronischen Beschwerden wie AIDS das Immunsystem stärkt. Sie können sie als Abkochung, Pulver oder Tinktur einnehmen. Sie schützt auch wirksam gegen Erkältungen und Schnupfen.

Tragant
(Radix astragali menbranaceus)

Hautprobleme

Die Haut ist ein wichtiges Organ, das uns vor schädigenden Umweltfaktoren schützt und innere Abfallprodukte beseitigt. Sie wird durch Sonne, Alter, Nahrungsmittel, Seifen und vieles andere beansprucht. Es folgen einige Vorschläge für die Behandlung normaler Haut. Bei Ekzemen und Psoriasis brauchen Sie den Rat eines erfahrenen Naturheilkundigen.

ROTER KLEE, BORETSCH, KLETTENWURZEL UND BRENNESSEL

Eine Basisarznei, die die Haut aufgrund ihrer blutreinigenden und -nährenden Eigenschaften heilt. Sie kann auch bei Kindern bedenkenlos angewendet werden (siehe Seite 19 für die richtige Dosis).

Boretsch
(Borago officinalis)

Ekzeme

Finden Sie die Ursachen – vielleicht Ernährungsmängel – für Ekzeme heraus. Allergische Reaktionen auf Seifen, Stoffe, Tiere und Nahrungsmittel können sie verstärken. Auch unter Streß brechen sie aus. Nachtkerzenöl und ein Multivitamin- und Mineralienpräparat sind hier hilfreich.

KLETTE, VOGELMIERE, BEINWELL UND RINGELBLUME

Diese Kräuter als Kompresse oder Salbe beruhigen gereizte Haut.

Beinwell
(Symphytum officinale)

Ringelblume
(Calendula officinalis)

Psoriasis

Ursache für die häufig auftretende Psoriasis können Nahrungsmittelallergien, aber auch Streß und Schock sein. Diese muß man unbedingt herausfinden und entsprechend behandeln. Oft schaffen Sonne und Meerwasser – zumindest zeitweise – Abhilfe.

KLETTE, KLETTENLABKRAUT, SARSAPARILLE UND AMPFER

Über längere Zeit getrunken, reinigt und kräftigt diese Abkochung den Körper. Man kann auch Löwenzahn und Roten Klee vewenden.

HELMKRAUT, HERZGESPANN UND LINDENBLÜTEN

Bei Streßsymptomen wie Herzklopfen oder hohem Blutdruck bereiten Sie aus einem oder zwei dieser Kräuter und Klette, Klettenlabkraut, Sarsaparille und Ampfer einen Tee zu.

BEINWELL- UND VOGELMIERESALBE

Zur äußerlichen Anwendung. Nährt und glättet die Haut.

Akne

Akne ist häufig ein Problem bei Jugendlichen, aber auch noch bei Erwachsenen. Oft ist sie hormonell bedingt und tritt daher in der Pubertät auf und verschlimmert sich vor der Periode. Da auch fett- und zuckerhaltige Ernährung die Ursache sein kann, sollten Sie lieber frisches Obst und Gemüse essen.

Sonnenhut
(Echinacea angustifolia)

Eine Kräuterbehandlung verhilft Jugendlichen zu reinem, strahlendem Teint.

VOGELMIERE, HOLUNDERBLÜTEN UND RINGELBLUME

Zu gleichen Teilen mischen und ein Gesichtsdampfbad damit machen.

KLETTE, KLETTENLABKRAUT, LÖWENZAHN, SONNENHUT, ROTER KLEE UND AMPFER

Diese Kräuter wirken körperreinigend und hautklärend. Trinken Sie mindestens drei Wochen lang dreimal täglich eine Tasse.

Roter Klee
(Trifolium pratense)

Gefühle

In der heutigen Gesellschaft steht man oft unter Zeitdruck. Kein Wunder, daß Streß und Angst zunehmen und sich oft körperlich als Kopfweh, Magenverstimmung, Rückenschmerzen und viele andere Beschwerden äußern. Schon ein bißchen Streß und Angst kann zu chronischer Depression führen, wenn Menschen sich mit ausweglosen Situationen konfrontiert sehen. Wer über einen längeren Zeitraum an Angstzuständen, Streß oder Depressionen leidet, wird müde und kann die einfachsten Alltagspflichten nicht mehr bewältigen. Am Schluß droht dann möglicherweise eine Nervenerschöpfung oder ein -zusammenbruch. Kräuter können zwar psychologische Leiden nicht beseitigen, aber vorübergehend Spannungszustände lindern, so daß Sie entspannter, ausgeglichener und heiterer werden – und öfter positive Veränderungen vornehmen können.

STRESS UND ANGST

Mit Streß und Angst reagieren wir auf schwierige Situationen und sind – im besten Fall – zu Höchstleistungen fähig. Hält die Situation unverändert an, kann sich der Streß jedoch schwächend auswirken. In Streßzeiten verbraucht Ihr Körper Nährstoffe schneller als sonst. Trinken Sie statt Tee und Kaffee, die beide Koffein enthalten, die folgenden Kräutertees, die Ihnen zu mehr Stärke und Gelassenheit verhelfen.

Zitronenmelisse
(Melissa officinalis)

KAMILLE, LINDENBLÜTEN, ZITRONENMELISSE UND MÄDESÜSS

Trinken Sie diese Kräuter statt Kaffee oder Tee zur Linderung nervositätsbedingter Verdauungsstörungen.

Mädesüß
(Filipendula ulmaria)

EISENKRAUT, HELMKRAUT, HAFER UND GINSENG

Diese Kräuter wirken allgemein nervenstärkend und unterstützen Sie einzeln oder als Mischung eingenommen, in stressigen Zeiten.

Hopfen
(Humulus lupulus)

Ginseng
(Radix ginseng)

KAMILLE, BALDRIAN, HOPFEN UND PASSIONSBLUME

Diese Kräuter lindern Muskelverspannungen und lassen sich mit anderen Kräutern gegen Streß, Angst und Depressionen mischen. Nehmen Sie Baldrian nicht über längere Zeit ein.

Depressionen

Auch mit Depressionen reagiert der Mensch auf gegenwärtige oder vergangene Belastungen im Leben. Psychotherapie oder Beratung gehen den Ursachen des Problems nach und helfen dem Betroffenen durchzuhalten. Sport, ein positives Selbstbild und erfreuliche soziale Kontakte sind ebenfalls vorteilhaft. Bei Wochenbett- oder menstruationsbedingter Depression mischen Sie Mönchspfeffer und Yamswurzel zum Hormonausgleich bei. Bei Depressionen nach langer Krankheit bauen Sie Ihren Körper mit Kräutern wieder auf.

Lavendel
(Lavandula officinalis)

Yoga, ein positives Selbstbild und erfreuliche soziale Kontakte sind gleichfalls von Vorteil.

GINSENG, LAVENDEL, HAFER UND ROSMARIN

Wenn die Depression mit allgemeinem Schwächezustand einhergeht, ist diese Kräutermischung vorteilhaft.

Rosmarin
(Rosmarinus officinalis)

Boretsch
(Borago officinalis)

Basilikum
(Ocimum basilicum)

ZITRONENMELISSE, BORETSCH, LINDENBLÜTEN, BASILIKUM, JOHANNISKRAUT UND HELMKRAUT

Jedes dieser Kräuter, allein oder in einer Mischung angewandt, wirkt stimmungsaufheiternd.

Schlaflosigkeit

Die meisten Menschen leiden ab und zu in besonders aufregenden oder stressigen Zeiten an Schlafstörungen. Wenn dies jedoch häufig vorkommt oder wenn man vor lauter Sorge, nicht einschlafen zu können, keinen Schlaf findet, wird es zum Problem. Hilfreich sind in diesem Fall regelmäßige Schlafenszeiten und leichte Kost am Abend. Vermeiden Sie abends anregende Aktivitäten, probieren Sie ruhige Meditationstechniken oder einfache Körperübungen aus, und ersetzen Sie koffeinhaltige Getränke durch entspannende Kräutertees.

Long Yan Rou (Longanfrucht)
Wird in China oft bei durch Überarbeitung und Schwermütigkeit bedingter Schlaflosigkeit verschrieben. Diese süße, getrocknete, rosinenähnliche Frucht können Sie essen oder einen Tee daraus zubereiten. Nehmen Sie 5–15 Gramm täglich.

HELMKRAUT, BALDRIAN, PASSIONSBLUME UND HOPFEN

Diese Kräuter können Sie als Abkochung, Tinktur oder Pillen nehmen. Besonders eine Mischung daraus läßt Sie wieder durchschlafen, auch bei schmerzbedingter Schlaflosigkeit. Sie helfen, hartnäckige Schlaflosigkeit, auch aufgrund von Schmerzen, zu unterbrechen.

Nehmen Sie Baldrian nicht über einen längeren Zeitraum ein. Meiden Sie Hopfen bei Anzeichen für Depressionen.

ZITRONENMELISSE, KAMILLE, LINDENBLÜTEN UND PASSIONSBLUME

Diesen hervorragenden Nachttee sollten Sie abends vor dem Zubettgehen trinken. Für ein Kinderbad eignen sich Lindenblüten und Kamille gut (siehe Seite 23, Grundprinzipien).

HELMKRAUT, BALDRIAN UND HOPFEN

Eignen sich für ein Bad für Erwachsene (siehe Seite 23, »Grundprinzipien«).

Tian Wang Bu Xin Dan
(»Des Himmelsfürsten herzstärkende Spezialpillen«)
Diese chinesische Patentrezeptur wird bei Schlaflosigkeit, Reizbarkeit, Erschöpfung, schlechter Konzentration und Vergeßlichkeit sowie Mundgeschwüren, nächtlichen Schweißausbrüchen und Verstopfung verschrieben. Besonders geeignet ist sie für diejenigen, die schon so lange Schlaftabletten genommen haben, daß diese unwirksam geworden sind. Interessanterweise berichtet der Erfinder dieser Rezeptur, daß sie ihm im Traum vom Himmelsfürsten eingegeben wurde. In der chinesischen Medizin hängen die meisten Schlafstörungen mit einer Verwirrung des Herzens zusammen. Deshalb kommt das Herz in der englischen Übersetzung dieses Namens vor.

Hyperaktivität

Hyperaktivität bei Kindern läßt sich schwierig definieren oder diagnostizieren. Symptomen wie mangelnder Konzentration, der Unfähigkeit, stillzusitzen, und Wut- und Frustrationsanfällen kann man durch gesunde Ernährung, Geduld und einige Kräuter beikommen. Vermeiden Sie alle künstlich gefärbten, zuckerhaltigen Nahrungsmittel mit Zusatzstoffen sowie übermäßig anregende Aktivitäten wie Computerspiele und bestimmte Fernsehprogramme. Ermuntern Sie Ihre Kinder zu viel Bewegung an der frischen Luft.

Spaß und Bewegung an der frischen Luft lindern Frustration und verbrauchen überschüssige Energie.

ROTER KLEE

Dieses körperklärende, nervenentspannende Kraut kann bedenkenlos mehrere Monate lang bei Kindern angewendet werden (einige glauben, daß Hyperaktivität eine Folge der vielen chemischen Stoffe im Körper sei).

HAFER, VITAMIN C UND B-KOMPLEX

Diese stellen das durch Hyperaktivität überlastete Nervenkostüm wieder her.

Nervöse Erschöpfung

Nervöse Erschöpfung kann sich bei langandauernden emotionalen Konflikten, Überarbeitung, übermäßigem Konsum von Tee, Kaffee, Alkohol und Tabak einstellen. In stressigen Zeiten verbraucht der Körper mehr Vitamine und Mineralien als sonst. Trotzdem fällt es oft schwer, sich in Zeiten der Belastung weiterhin gesund zu ernähren. Höherer Koffein-, Alkohol- und Tabakkonsum erschöpfen den Mineralienhaushalt und belasten den Körper noch mehr. Das erzeugt einen Teufelskreis, denn je weniger Energie Sie haben, desto weniger können Sie mit schwierigen Situationen umgehen.

Das Extrem nervöser Erschöpfung ist ein Kollaps oder Zusammenbruch, der Sie zur Ruhe zwingt. Streß, Angst, Depressionen, Schlaflosigkeit, Panikanfälle, Phobien und Überarbeitung – all das kann zu nervöser Erschöpfung führen. Kräuter, Vitamin C und B-Komplex und Erholung stärken die Nerven und verhindern Schlaffheit.

LÖWENZAHN, KLETTE UND ROTER KLEE

Diese Kräuter reinigen Ihren Körper, wenn Sie sich unzureichend ernährt oder große Mengen Koffein oder Alkohol konsumiert haben. Auch mit Brennessel können Sie Ihrem Körper wieder Mineralien zuführen. Geben Sie bei akuten Streßsymptomen entspannende Kräuter wie Eisenkraut oder Lindenblüten dazu.

Eisenkraut
(Verbena officinalis)

Nervöse Erschöpfung kann sich bei langandauernden emotionalen Konflikten, Überarbeitung, übermäßigem Konsum von Tee, Kaffee, Alkohol und Tabak einstellen.

HAFER, EISENKRAUT, SÜSSHOLZ UND HELMKRAUT

Diese Kräuter stärken das Nervensystem und unterstützen die Nebennieren (die oft durch Streß, Überarbeitung und Koffein überlastet sind). Trinken Sie den Tee mindestens dreimal täglich und vermeiden Sie gleichzeitig Koffein, Alkohol und Tabak. Sie können die Kräuter bedenkenlos über einen längeren Zeitraum einnehmen.

Tragant
(Radix astragali membranaceus)

Roter Klee
(Trifolium pratense)

GINSENG UND TRAGANT

Diese Kräuter kurbeln die Energie im Körper bei Abspannung und nervöser Erschöpfung an.

Die Bach-Blüten

Dieses System aus 38 Heilmitteln besteht aus den Blüten von Pflanzen, Büschen und Bäumen, die fast alle in Nordamerika wild wachsen. Zur Herstellung der Arzneien weicht man die Blüten in Quellwasser ein und stellt sie in die Sonne. Außer Alkohol (zur Konservierung der Blüten) werden keine anderen Zutaten verwendet. Es sind zwar keine Kräuter im eigentlichen Sinn, wir haben sie aber dennoch in diesem Buch erwähnt, weil auch sie direkt aus Pflanzen stammen und man sie sich einfach und bedenkenlos selbst verschreiben kann.

Dr. Edward Bach

Die Bachblüten wurden von dem Arzt und Homöopathen Dr. Edward Bach entwickelt. Er gab 1930 seine erfolgreiche Londoner Praxis auf, um seine Pflanzentherapie zu entwickeln.

Angeblich spürte er die Energie einer Pflanze, die er in der Hand hielt, so deutlich, daß er ihre Eigenschaften an sich selbst wahrnehmen konnte.

Dr. Edward Bach (1886–1936)

Wie Sie verschrieben werden

Die Bachblüten werden entsprechend dem geistigen Zustand, der Stimmung und den Persönlichkeitszügen eines Menschen verordnet; das heißt nun nicht, daß sie bei körperlichen Beschwerden wirkungslos sind, vielmehr wirken sie über den Geist auf den Körper. Man kann sechs bis sieben Bachblüten mischen, aber auch einzeln einnehmen. Die 38 Arzneien decken eine beachtliche Palette von emotionalen Zuständen ab: Man nimmt sie, wenn man einen Schock oder ein Trauma überwinden muß (siehe Notfall-Tropfen, rechts), sie schenken Zuversicht vor Bewerbungsgesprächen oder Prüfungen, und auch den Jet-lag überwindet man mit ihrer Hilfe schneller! Sie lassen sich bedenkenlos bei alt und jung, Schwangeren und Tieren anwenden. Auch Pflanzen können davon profitieren – werfen Sie niemals ausgediente Blütenmischungen weg, sondern geben Sie sie Ihren Pflanzen, damit sie gedeihen und aufblühen!

Zubereitung und Dosierung

Die Arzneien gibt es in 10-Milliliter-Tropfflaschen – bekannt als »Stock bottels« (Vorratsflaschen) – in vielen Naturkostläden und bei Kräuterlieferanten. Für den sofortigen Notfallgebrauch sollten Sie sie mit wenig Wasser einnehmen. Man kann sie bei Bedarf auch direkt aus der Vorratsflasche entnehmen, aber nicht über einen längern Zeitraum, denn der Patient schluckt dabei eine Menge Alkohol! Wenn Sie die Arznei längere Zeit einnehmen müssen, holen Sie sich aus der Apotheke eine 25-Milliliter-Tropfflasche und füllen Sie sie fast randvoll mit Quellwasser. Geben Sie zwei Tropfen von jeder der gewählten Bachblütenessenzen und, wenn Sie wollen, einen Löffel Alkohol zum Konservieren hinzu. (Ohne Alkohol hält die Mischung etwa drei Wochen, im Kühlschrank vielleicht länger.)

Nehmen Sie mindestens viermal täglich vier Tropfen, entweder in einem Getränk oder direkt auf die Zunge. Berühren Sie dabei nicht den Tropfer mit der Zunge, sonst trübt sich die Mischung. Wenn intensive Gefühle aufkommen, können Sie die Arzneien bedenkenlos alle 15–20 Minuten einnehmen.

KOMBINATIONEN

Die bekannteste Bachblüten-Kombination sind die Notfall-Tropfen; sie sind bei den meisten Kräuter- oder Naturkostläden bereits fertig in Vorratsflaschen erhältlich und enthalten fünf verschiedene Blütenessenzen: Star of Bethlehem bei Schock; Rock Rose bei Panik; Impatiens bei Spannung und Ungeduld; Cherry Plum bei Angst, die Kontrolle zu verlieren; und Clematis für klares Denken und gegen Ohnmachtsanfälle.

Sie lassen sich vielseitig einsetzen: nach körperlichem oder seelischen Schock, bei einem Panikanfall oder Beinahe-Unfall oder nach schlechten Neuigkeiten. Sie beruhigen Kinder, die nachts aufschrecken oder Alpträume haben. Notfall-Tropfen gibt es auch als Salbe, Rescue-Salbe, die äußerlich bei Verletzungen, Ausschlägen und Verbrennungen angewendet wird.

Die anderen Kombinationen müssen Sie je nach persönlichen Umständen selbst zusammenstellen. Für Jet-lag beispielsweise probieren Sie Notfall-Tropfen mit Walnut (für Veränderungen) und Scleranthus (zur Erdung). Nehmen Sie die Mischung solange ein, bis Sie sich an die neue Zeitzone gewöhnt haben. Viele Arzneien helfen vor Prüfungen und Vorstellungsgesprächen: Larch baut Zuversicht auf, White Chestnut vertreibt quälende Gedanken, Scleranthus hilft bei der Entscheidungsfindung, Aspen hält Ängste in Schach, und Impatiens hält Sie von überstürzten Handlungen ab.

Wenn Sie sich mit den Bachblütenarzneien vertraut gemacht haben, können Sie Ihre eigenen Kombinationen zusammenstellen und dieses sogar für Babies und junge Tiere völlig bedenkenlose System an sich selbst und Ihrer Familie ohne Risiko ausprobieren, solange Sie die Arzneien bei jüngeren Patienten gut verdünnen.

Einige Leute haben gegenüber den Bachblütenarzneien Vorbehalte, aber Naturheilkundige konnten beachtliche Resultate damit erzielen, oft bei Menschen, die nicht auf andere Methoden angesprochen hatten oder deren Symptome chronisch geworden waren. Da sie auf einer sehr hohen subtilen Energieebene wirken, kann man ihre Anwendung nur schwer durch Labortests nachweisen, aber dies erklärt vielleicht auch ihre Wirksamkeit.

NOTFALL-TROPFEN

Die bekannteste Bachblüten-Kombination enthält folgende fünf Blütenessenzen:

Rock Rose
– bei Panikanfällen

Star of Bethlehem
– bei Schock

Impatiens
– bei Ungeduld und Spannung

Cherry Plum
– bei Angst, die Kontrolle zu verlieren

Clematis
– schärft den Verstand und verhindert Ohnmachtsanfälle

Achtunddreißig Arzneien

AGRIMONY
Für die, die hinter einer heiteren Fassade inneren Schmerz verbergen.

ASPEN
Zerstreut vage, unbewußte Befürchtungen und Angst vor dem Unbestimmten oder dem Tod.

BEECH
Fördert Toleranz bei arroganten Menschen, die andere kritisieren (kann ein vorübergehender Zustand sein).

CENTAURY
Für die, die sich unbestimmt und willensschwach fühlen oder anderen zu Willen sind; diese Arznei hilft ihnen, die eigenen Wünsche zu bestimmen und wahrzunehmen.

CERATO
Hat mit innerer Gewißheit zu tun; hilft denen, die an ihrem eigenen Urteil zweifeln und ständig Rat suchen.

CHERRY PLUM
Gibt denen Sicherheit, die sich kurz vor einem Zusammenbruch wähnen oder meinen, »den Verstand zu verlieren«.

CHESTNUT BUD
Hilft, aus eigenen Fehlern zu lernen; für die, die nur schwer aus Erfahrung klug werden oder alte Muster wiederholen.

CHICORY
Hilft Ihnen loszulassen; für allzu besitzergreifende Menschen.

CLEMATIS
Fördert die Konzentration bei träumerischen, geistesabwesenden oder unaufmerksamen Menschen.

CRABAPPLE
Bekannt als »Reinigungs-Blüte«; hilft bei Scham, negativen Gefühlen über sich selbst, nach Vergewaltigung oder Mißbrauch. Oft wirksam bei Heuschnupfen oder Rhinitis.

ELM
Hängt mit Verantwortung zusammen; hilft denen, die sich mehr aufbürden, als sie schaffen, und davon überrollt werden.

GENTIAN
Schenkt wieder Glauben an den Lebensprozeß. Hilfreich bei Niedergeschlagenheit oder Depressionen, wenn die Ursache bekannt ist.

GORSE
Gibt denen wieder Hoffnung, die unter anderem aus Verzweiflung oder wegen einer chronischen Krankheit aufgegeben haben.

HEATHER
Für die, die nur mit sich beschäftigt sind; hilft ihnen, Einfühlungsvermögen zu entwickeln.

HOLLY
Für Wut, Eifersucht, Ärger oder andere negative Gefühle; paradoxerweise erleichtert es Ihnen auch zu Zugang zu Ihren echten Gefühlen, wenn Sie sich von ihnen »abgeschnitten« fühlen.

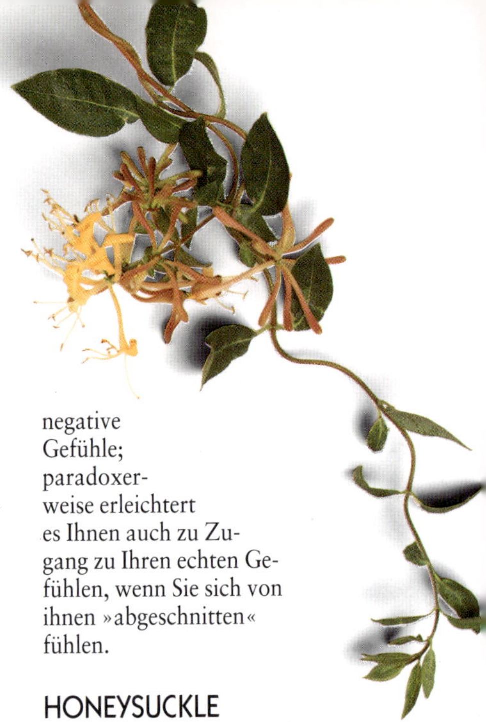

HONEYSUCKLE
Denen, die der Vergangenheit nachtrauern, hilft Honeysuckle dabei, loszulassen und in der Gegenwart zu leben.

HORNBEAM
Baut Ihre Energie wieder auf, wenn Sie sich zeitweise lustlos oder antriebslos fühlen; wird oft »Montag-Morgen-Arznei« genannt.

IMPATIENS
Gegen Ungeduld und Reizbarkeit; für Menschen, denen Teamarbeit aufgrund dieser Eigenschaften schwerfällt.

LARCH
Erhöht das Selbstvertrauen und hilft Ihnen über Minderwertigkeitsgefühle oder Versagensängste hinweg.

MIMULUS
Hilft bei Angst vor bekannten oder bestimmten Dingen, gibt Mut bei Phobien.

MUSTARD
Stellt wieder Optimismus her bei Menschen, die plötzlich ohne erkennbaren Grund depressiv werden.

OAK
Hat mit Stärke und Durchhaltevermögen zu tun; für die, die sich überarbeiten oder sich zu hohe Ziele setzen.

OLIVE
Stellt nach langandauernder Überarbeitung oder seelischer Erschöpfung wieder Frieden und Gleichgewicht her.

PINE
Hilft Ihnen, sich selbst zu verzeihen; angezeigt bei Menschen mit zu ausgeprägtem Schuldbewußtsein.

RED CHESTNUT
Hat mit Einfühlungsvermögen und Besorgtheit zu tun; hilft denen, die sich so viele Sorgen um andere machen, daß sie ihre eigenen Ängste auf sie projizieren.

ROCK ROSE
Gibt Sicherheit bei Panik- und Terroranfällen oder blankem Entsetzen.

ROCK WATER
Keine Blüte, sondern Quellwasser. Es befreit Menschen, die sich zu sehr beherrschen oder verleugnen.

SCLERANTHUS
Erdet, hilft uns bei Entscheidungsfindungen und beseitigt Ungewißheit oder Stimmungsschwankungen.

STAR OF BETHLEHEM
Gibt Vertrauen nach Schocks oder Traumata, plötzlichem Verlust oder Unfällen.

SWEET CHESTNUT
Erlöst den Anwender aus dem Zustand hoffnungsloser Verzweiflung.

VERVAIN
Gibt dem, der seine Energie im Übereifer oder für fanatische Ideen verausgabt, das Gleichgewicht zurück; hat leicht sedierende Wirkung.

VINE
Hat mit den Eigenschaften von Autorität und Führung zu tun, im negativen Vine-Zustand ist der Betreffende kontrollierend, rücksichtslos und machthungrig.

WALNUT
Eine schützende Arznei, die Ihnen in Zeiten des Übergangs oder Neubeginns hilft; Walnut erleichtert Veränderungen.

WATER VIOLET
Hat mit Demut zu tun – angezeigt bei reserviertem Verhalten, freiwilliger Isolierung – der Betreffende ist zurückhaltend und stolz.

WHITE CHESTNUT
Zerstreut hartnäckige unerwünschte Gedanken; wird oft bei Schlaflosigkeit eingenommen.

WILD OAT
Hilft dabei, die wahre Richtung, die wahre Bestimmung oder Karriere und somit Erfüllung zu finden.

WILD ROSE
Motiviert die, die apathisch sind oder resigniert haben.

WILLOW
Gibt Ihnen ein Gespür für Eigenverantwortlichkeit: Im negativen Willow-Zustand fühlt sich der Betreffende verbittert, als Opfer und gibt anderen die Schuld.

Beim Naturheilkundearzt

Wenn Ihr Interesse an Kräutern geweckt ist, wollen Sie vielleicht den Rat und die Erfahrung eines qualifizierten Naturheilkundigen einholen; oder Ihr gesundheitliches Problem ist in diesem Buch nicht erwähnt. (Asthma, Tumoren oder Herzprobleme haben wir nicht aufgenommen, weil sie eindeutig professionell behandelt werden müssen.) Bedenken Sie auch, daß einige Kräuter, genau wie einige Speisen, bei empfindlichen Menschen allergische Reaktionen auslösen können; wenn Sie neue Symptome bei der Einnahme von Kräutern feststellen, sollten Sie unbedingt die Ursachen von einem seriösen Arzt abklären lassen. Vielleicht empfiehlt Ihnen jemand einen Naturheilkundearzt. Es ist meistens ein gutes Gefühl zu wissen, ob diese Leute seriös sind und wie sie arbeiten. Ansonsten wenden Sie sich an eine der Organisationen, die Listen über Naturheilärzte haben.

Wenn Sie abenteuerlustig (oder einfach neugierig) sind oder wenn Sie ernsthafte Beschwerden haben, lassen Sie sich vielleicht eher chinesische Heilkräuter verschreiben.

Chinesische Kräuter stehen zwar zu Recht in dem Ruf, unangenehm zu schmecken (aber nicht immer), aber sie sind stärker und daher manchmal wirksamer als Kräuter der westlichen Welt.

WAS SIE ERWARTEN KÖNNEN

Die meisten Kräuterheilkundigen werden ausführlich Ihre Krankengeschichte aufnehmen, was Sie vielleicht überrascht, falls Sie nie einen zweiten Arzt hinzugezogen haben. Wenn Sie einen Arzt bei Psoriasis um Rat gefragt haben, wundern Sie sich sicher, weshalb er etwas über Ihren Darm wissen möchte! Kräuterheilkundige arbeiten nämlich meistens ganzheitlich und brauchen soviel Informationen wie möglich über die Funktionsweise Ihres Körpers und Geistes, um eine genaue Diagnose Ihres Energiezustands stellen zu können.

In der chinesischen Medizin nennt man scheinbar unzusammenhängende Symptome Syndrome oder »Muster gestörter Harmonie«. Ihr Arzt muß herausfinden, inwieweit diese theoretischen Rahmenbedingungen auf Sie zutreffen. Er fühlt meistens Ihren Puls, sieht sich Ihre Zunge an, denn daraus läßt sich etwas über Ihren Energiezustand ablesen. Viele Menschen in westlichen Kulturkreisen scheuen sich, einem vergleichsweise fremden Menschen ihre Zunge zu zeigen; seien Sie sicher: der Kräuterheilkundige will nicht wissen, was Sie gefrühstückt haben, sondern sieht sich Farbe, Form und Belag Ihrer Zunge an, um eine korrekte Diagnose stellen zu können.

Hat er Ihnen eine passende Mischung verschrieben, stellt er entweder aus dem Rezept eine Tinktur zur sofortigen Einnahme her oder stellt ein Rezept aus (wohl eher bei chinesischen Kräutern der Fall).

Manchmal läßt er die Kräutermischung von einem Lieferanten zubereiten, der sie Ihnen dann zuschickt, oder Sie erhalten sie in Pulver- oder Tablettenform oder als Tinktur. Wenn es an Ihrem Wohnort eine größere chinesische Gemeinde gibt und Ihr Kräuterheilkundiger chinesisch schreiben kann, suchen Sie vielleicht selbst einmal einen chinesischen Kräuterladen auf. Dort können Sie sich die Behälter mit den merkwürdig aussehenden Substanzen ansehen, während ein Angestellter die Kräuter mit der Handwaage abwiegt und sie in Papier wickelt.

Die Kräuter müssen jeden Tag abgekocht werden. Befolgen Sie die Anweisungen Ihres Naturheilkundearztes. Anders als westliche Kräuter werden die chinesischen oft zweimal abgekocht, so daß jedes Päckchen zwei Tage vorhält.

WENN DIE KRÄUTER NICHT WIRKEN...

Nehmen Sie zuerst einmal Ihren Lebensstil und Ihre Ernährung unter die Lupe, ob irgendwelche schlechten Angewohnheiten die Wirkung der Kräuter blockieren. Sie können nicht erwarten, daß die subtile, natürliche Energie der Kräuter wirkt, wenn Sie sich von Hamburgern ernähren, nie Sport treiben und 40 Zigaretten am Tag rauchen! Das ist natürlich ein Extrembeispiel, aber es kann nicht oft genug betont werden, daß Kräuter am besten in einem Körper wirken, für den auch in anderen Bereichen gesorgt wird. Es ist beispielsweise sinnvoll, sich von einem Ernährungsfachmann einen Ernährungsplan zusammenstellen zu lassen oder ergänzende Vitamin- oder Mineralienpräparate zu nehmen.

Auch können die Kräuter nicht so schnell wirken, wenn irgendwo in Ihrem Körper die Energie blockiert ist oder wichtige Strukturen nicht mehr im Lot sind. Mit einer Behandlung beim Akupunkteur oder Osteopathen kann man in solch einem Fall erstaunliche Ergebnisse erzielen.

Und schließlich ist es schwierig, Symptome zu lindern, die Folge unbewältigter Emotionen sind; in diesem Fall sollten Sie sich einen guten Berater oder Therapeuten suchen und mit ihm Ihre emotionalen Blockaden aufarbeiten, damit Ihre Energie ungehindert auf die Kräuter ansprechen kann.

Adressen

Kurse, Seminare, Beratung

Institut für Bach-Blütentherapie,
Forschung und Lehre
Mechthild Scheffer
Lippmannstr. 57
D-22769 Hamburg

Tel.: 0 40 / 43 25 77
Fax: 0 40 / 43 52 53

Bach-Blütenkonzentrate können in jeder Apotheke bestellt werden. Heilkräuter und -tees sind in Reformhäusern und Apotheken erhältlich.

Literatur

Bach, Edward, Blumen, die die Seele heilen, München 1995

Bingen, Hildegard von, Heilwissen, Augsburg 1989

Fischer-Rizzi, Medizin der Erde, München 1995

Scheffer, Mechthild, Bach-Blütentherapie, München 1995

Scheffer, Mechthild, Schlüssel zur Seele, München 1995

Bildnachweis

o. – oben, u. – unten, l. – links, r. – rechts

Hulton-Deutsch Collection 4, John MacRae-Brown/Ace 5, E.T. Archive 6 o. & u., Harry Smith Horticultural Collection 14r., 15r. & 16r., John Searle/Ace 17r., Image Bank 20 r., Max Schnider/Image Bank 21u.r., Bard Martin/Image Bank 48u.l., Zephyr Pictures/Ace 49r., Pictor 51o.r., David Vance/Image Bank 53o.r., Eric Simmons/Image Bank 54, Pictor 55o., mit freundlicher Genehmigung des Dr. E. Bach-Centers 56u.

Alle anderen Fotos sind Copyright der Quarto Publishing plc. Quarto bedankt sich bei Marle Place Garden & Nursery, Brenchley, Tonbridge, Kent, die einige der abgebildeten Kräuterpflanzen zur Verfügung stellte.

Danksagungen der Autorinnen

Tamara Kircher möchte sich bei ihren Kindern Ryan und Molly Jo für ihr Interesse, ihr Verständnis und ihre Selbständigkeit und bei Clive für seine Geduld und seinen Computer bedanken.

Penny Lowery möchte sich bei Claire Grey bedanken, die ihr Bücher ausgeliehen hat, und bei Eileen Bonner für ihre Geduld und ihren Computer!

Register

(*kursiv* gedruckte Seitenzahlen beziehen sich auf Abbildungen)